Russian

Berlitz Languages, Inc.
Princeton, NJ
USA

ISBN 978-1-59104-595-3

Newly Revised and Updated Edition – First Printing

Printed in China – June 2007

Berlitz Languages, Inc.
400 Alexander Park
Princeton, New Jersey 08540
U.S.A.

СОДЕРЖАНИЕ

ГЛАВА 3

ГЛАВА 4

ГЛАВА 7

ГЛАВА 8

ГЛАВА 9

ГЛАВА 10

ГЛАВА 11

ГЛАВА 12

ГЛАВА 13

ГЛАВА 14

ГЛАВА 15

ГЛАВА 16

ГЛАВА 17

ГЛАВА 18

ГЛАВА 19

ГЛАВА 20

ГЛАВА 21

ГЛАВА 22

ГЛАВА 23

ГЛАВА 24

ПРЕДИСЛОВИЕ

М.Д. Берлиц, основатель системы языковых школ, носящих его имя, так сформулировал суть своего метода: "постоянное и исключительное использование иностранного языка и непосредственная связь восприятия и мысли со звучанием и речью иностранного языка".

Эта задача достигается следующими средствами:

1. Передачей конкретных фактов путем наглядной демонстрации и игровых сценок;
2. Передачей абстрактных идей ассоциативным путем;
3. Преподаванием грамматики на практических примерах.

"Перевод в качестве средства овладения иностранным языком полностью устранен. С первого же занятия учащиеся слышат только изучаемый язык и разговаривают только на нем. В тех случаях, когда демонстрация бессильна, преподавание ведется в соответствии с математическим принципом, согласно которому значение неизвестной величины "Х" устанавливается по ее связям с известными величинами "А" и "Б".

В предисловии к первым изданиям своих учебников М.Д.Берлиц подробно объяснил, почему он отказался от метода, основанного на преподавании грамматики и переводе, в пользу принципа погружения в изучаемый язык.

С точки зрения Берлица, использование родного языка обучающихся представлялось нелогичным. Он считал, что любой язык лучше всего изучать "в рамках самого языка", ибо только таким образом учащийся "может познать дух языка и приучиться думать на нем". Метод Берлиц в значительной степени устраняет трудности восприятия грамматики, весьма часто являющиеся следствием перевода и, стало быть, сравнения с родным языком.

Однако следует дополнительно разъяснить, в какой степени пришлось перестроить структуру учебного процесса для применения прямого метода преподавания иностранного языка. Будучи последовательным сторонником прямого метода, М.Д.Берлиц первым сформулировал практические выводы, которые охватывают все существенные стороны нового учебного процесса:

1. Усилия преподавателя должны быть направлены прежде всего на развитие понимания и речевого навыка. Умение читать и писать отходит на второй план: иными словами, язык как речь оттесняет язык как литературу.

2. По методу Берлиц язык преподается как ремесло — умение понимать и говорить, читать и писать, т.е. как практическое орудие, а не сумма теоретических знаний. Умение понимать и изъясняться прививается учащимся с первого же занятия.

3. М.Д.Берлиц первым составил словарь-минимум и включил его в свою "Первую книгу". Он создал перечень наиболее употребимых слов разговорного языка задолго до появления частотных словников литературного языка.

4. Такая же система применяется и при выборе необходимой для разговорной речи грамматики, по сути дела, "базовых структур", как их называют лингвисты.

5. Последовательность, в которой вводятся слова и грамматические структуры, определяется необходимостью объяснения всех языковых элементов, входящих в учебную программу, не прибегая к переводу, а также организацией материала по степени трудности.

Соответственно перечисленным задачам определяются цели учебного процесса, располагаемые по степени важности, принципы отбора лексических и грамматических структур, порядок введения материала и объем знаний, которым учащийся должен овладеть в единицу времени.

Для курса русского языка, преподаваемого в системе школ Берлиц, имеются следующие пособия:

1. Пособие для учителя, являющееся учебной программой.

2. Книга для ученика, содержащая материалы для чтения, письменные упражнения и справочные таблицы. Учебник дополняют CD-диск с записью диалогов и "Книга иллюстраций", куда включён наглядный материал по всему курсу.

Следует отметить, что ни учебник, ни пособие не построены

целиком и полностью на методе Берлиц. Этот метод, как известно всем, кто работает в системе школ Берлиц, представляет собой сумму принципов, которые могут быть успешно претворены в жизнь только при наличии следующих факторов:

– тщательного отбора преподавателей, причем преподаватели имеют право работать только со своим родным языком;

– основательной подготовки преподавателей, в ходе которой будущие преподаватели знакомятся с задачами учебного процесса и основами уникального метода Берлиц, прошедшего проверку временем;

– постоянного контроля за ведением урока со стороны квалифицированного персонала школ Берлиц.

Итак, преподаватель — это главная фигура. Наследник лингвистических мастеров прошлого, преемник Maitre de langue и Sprachmeister, — преподаватель, работающий по методу Берлиц, является современным представителем освященной веками профессии.

Глава 1

ЗДРАВСТВУЙТЕ!

Михаил: Здравствуйте, Таня!

Таня: Здравствуйте, Михаил Петрович! Как вы?

Михаил: Спасибо, хорошо! А вы?

Таня: Тоже хорошо, спасибо!

Михаил: Таня, это Сергей Иванович Попов. Познакомьтесь!

Таня: Здравствуйте, я – Таня Доброва.

Сергей: Очень приятно, Таня!

РУССКИЙ АЛФАВИТ

А а	Б б	В в	Г г	Д д
Е е	Ё ё	Ж ж	З з	И и
Й й	К к	Л л	М м	Н н
О о	П п	Р р	С с	Т т
У у	Ф ф	Х х	Ц ц	Ч ч
Ш ш	Щ щ	Ъ ъ	Ы ы	Ь ь
	Э э	Ю ю	Я я	

Упражнение 1

Образец: книга — книга

А. 1. я ______ 7. город ______

2. вы ______ 8. журнал ______

3. это ______ 9. автобус ______

4. нет ______ 10. телефон ______

5. пол ______ 11. карандаш ______

6. стол ______ 12. коричневый ______

Б. 1. Я — ученик.

____

2. Это автобус.

____

3. Вокзал здесь или там?

____

4. Карта не на полу, а на стене.

____

5. Этот стул не жёлтый и не красный.

____

6. Чёрная машина в гараже.

____

7. Тот самолёт белый.

____

8. Какой это номер телефона?

____

9. Эта улица очень короткая.

____

10. Сколько будет два и два?

____

11. Какого цвета тот большой автобус?

____

12. Павел не учитель, а ученик.

____

ЧТО ЭТО?

Это газета?
- Да, это газета.

Это газета “Коммерсант”?
- Да, это газета “Коммерсант”.

Это тоже газета?
- Нет, это не газета.

Это книга?
- Нет, это не книга.

Что это?
- Это журнал. Это журнал “Огонёк”.

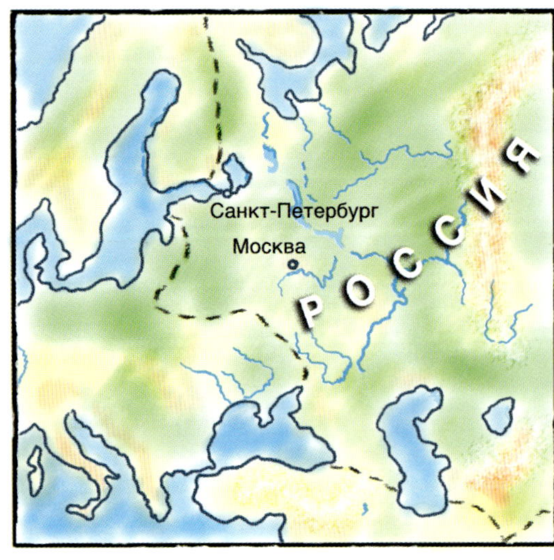

А это? Это газета или журнал?
- Это не газета и не журнал.

Это книга?
- Нет, это не книга.

Что же это?
- Это карта.

Упражнение 2

Образец:

Это газета.

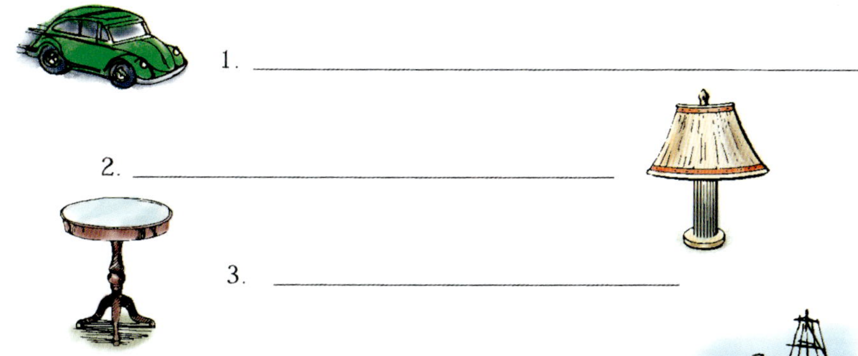

1. ______________________________

2. ______________________________

3. ______________________________

4. ______________________________

5. ______________________________

6. ______________________________

7. ______________________________

8. ______________________________

9. ______________________________

10. ______________________________

Упражнение 3

Образец:

Это стул? *Да, это стул.*

Это карандаш? *Нет, это не карандаш.*

Что это? *Это ручка.*

1. Это автобус? ____________________

2. Это поезд? ____________________

3. Что это? ____________________

4. Это телефон? ____________________

5. Это лампа? ____________________

6. Что же это? ____________________

7. Это поезд? ____________________

8. Это самолёт или теплоход? ____________________

9. Это телефон? ____________________

10. А что это? ____________________

КАКОГО ЦВЕТА ЭТА СОБАКА?

Это собака?
– *Да, это собака.*

Это большая собака?
– *Да, это большая собака.*

Какого цвета эта собака?
- Эта собака чёрная. Это большая чёрная собака

Это тоже собака?
– *Да!*

Эта собака большая?
– *Нет, эта собака не большая, а маленькая.*

Эта собака чёрная?
– *Нет, эта собака не чёрная, а белая. Это маленькая белая собака.*

Карандаш ...	*Бумага ...*
красный	красная
синий	синяя
зелёный	зелёная
жёлтый	жёлтая
чёрный	чёрная
белый	белая
серый	серая
коричневый	коричневая
большой	большая
маленький	маленькая
длинный	длинная
короткий	короткая

ДЛИННЫЙ ИЛИ КОРОТКИЙ?

Это поезд.
Этот поезд длинный.

Это тоже поезд.
Этот поезд короткий.

Это улица или площадь?
- Это улица.

Эта улица длинная?
– *Нет, эта улица не длинная.*

Какая это улица?
– *Эта улица короткая.*

А что это?
– *Это тоже улица.*

Эта улица тоже короткая?
– *Нет, эта улица не короткая.*

Какая это улица?
– *Эта улица длинная.*

НЕ БОЛЬШОЙ, А МАЛЕНЬКИЙ

Этот самолёт не большой, а маленький.

Упражнение 4

Образец: книга (маленьк-...) ***Книга не маленькая, а большая.***

1. город (больш-...)
2. журнал (маленьк-...)
3. карандаш (длинн-...)
4. улица (коротк-...)
5. бумага (чёрн-...)
6. телефон (бел-...)
7. лампа (красн-...)
8. самолёт (сер-...)
9. машина (зелён-...)
10. собака (жёлт-...)
11. поезд (син-...)
12. стул (коричн-...)

ЭТОТ ТЕЛЕФОН НА СТОЛЕ, А ТОТ НА СТЕНЕ

Вот телефон. Какого цвета этот телефон? Этот телефон белый. А где этот белый телефон? На стуле? На полу? Нет, белый телефон не на стуле и не на полу, а на столе. Посмотрите на стол! Этот стол тоже белый? Нет, стол не белый, а чёрный.

Этот белый телефон большой или маленький? Телефон маленький. А стол? Стол тоже маленький? Нет, стол не маленький, а большой.

А что же это? Это тоже телефон? Да, это тоже телефон. Этот телефон тоже белый? Нет, этот телефон не белый, а чёрный. А где этот чёрный телефон, тоже на столе? Нет, этот телефон не на столе, а на стене. Какого цвета эта стена? Это чёрная стена? Нет, эта стена не чёрная, а жёлтая.

Посмотрите ещё раз на этот телефон! Этот телефон маленький? Нет, этот телефон не маленький, а большой.

СКОЛЬКО БУДЕТ?

Пять...

Четыре...

Три...

Два...

Один...

Ноль!

Два и шесть — восемь.

Семь минус три — четыре.

Сколько будет пять и девять?

1 один	2 два	3 три	4 четыре	5 пять
6 шесть	7 семь	8 восемь	9 девять	10 десять
11 одиннадцать	12 двенадцать	13 тринадцать	14 четырнадцать	
15 пятнадцать	16 шестнадцать	17 семнадцать		
18 восемнадцать	19 девятнадцать	20 двадцать		

ГДЕ МАШИНА?

Машина на улице.

это...		*на/в...*
стул		стуле
стол		столе
автобус	⇨	автобусе
картинка		картинке
пол		полу
порт		порту

Упражнение 5

Образец: карандаш/ стол ***Карандаш на столе.***

1. журнал/стул
2. машина/гараж
3. карта/стена
4. теплоход/порт

Упражнение 6

Образец: 5+3 ***Пять и три — восемь.***

1. 7+2
2. 20 - 19
3. 6+4
4. 18 - 11
5. 6+11

Глава 2

КАК ДЕЛА?

Борис:	Здравствуйте, Михаил Петрович! Как дела?
Михаил:	Очень хорошо, спасибо. А у вас?
Борис:	Спасибо, тоже хорошо. Вы не знаете, где Таня?
Михаил:	Она говорит с господином Морганом.
Борис:	Он здесь?
Михаил:	Нет, он в Лондоне. Таня говорит по телефону.
Борис:	А, хорошо. Большое спасибо, Михаил Петрович. До свидания.
Михаил:	До свидания, Борис Иванович.

Кто? *С кем?*

я вы он/она	говорю говорите говорит	с директором с господином... с госпожой... с девушкой

ДИРЕКТОР...

Это - мужчина. Этот мужчина - господин Комаров. Господин Комаров - директор. А кто он по национальности? Он англичанин? Француз? Нет, он не англичанин и не француз. Господин Комаров русский. Он российский бизнесмен. Комаров говорит по-русски.

СЕКРЕТАРЬ...

А это тоже мужчина? Нет, это не мужчина. Это женщина. Эта женщина тоже русская? Нет, она не русская, а испанка. Это госпожа Лопез. Госпожа Лопез - секретарь. Говорит ли она по-русски? Нет, госпожа Лопез не говорит по-русски. Она говорит по-испански.

...И ОФИЦИАНТ

А это господин Латур. Господин Латур - официант. А кто он по национальности? Он испанец? Нет, он не испанец, а француз. Господин Латур говорит не только по-французски. Он ещё говорит по-немецки, по-английски и немножко по-итальянски. А на каком языке он говорит дома? Дома он говорит по-французски. На каком языке он говорит на работе?

СТРАНА И НАЦИОНАЛЬНОСТЬ

Страна	*Он.../ Она...*
Америка	американец/американка
Англия	англичанин/англичанка
Бельгия	бельгиец/бельгийка
Бразилия	бразилец/бразильянка
Германия	немец/немка
Испания	испанец/испанка
Италия	итальянец/итальянка
Канада	канадец/канадка
Польша	поляк/полька
Румыния	румын/румынка
Россия	русский/русская
Франция	француз/француженка
Швеция	швед/шведка
Япония	японец/японка

Упражнение 7

Образец: Эта страна — Италия. Этот мужчина — ***итальянец***.

1. Эта страна — Англия. Этот журналист — ________
2. Эта страна — Россия. Эта женщина — ________
3. Эта страна — Германия. Этот учитель — ________
4. Эта страна — Италия. Эта актриса — ________
5. Эта страна — Румыния. Этот мальчик — ________
6. Эта страна — Испания. Этот официант — ________
7. Эта страна — Япония. Эта девушка — ________
8. Эта страна — Польша. Этот человек — ________
9. Эта страна — Канада. Этот мужчина — ________
10. Эта страна — Швеция. Этот директор — ________

ОН, ОНА, ОНО

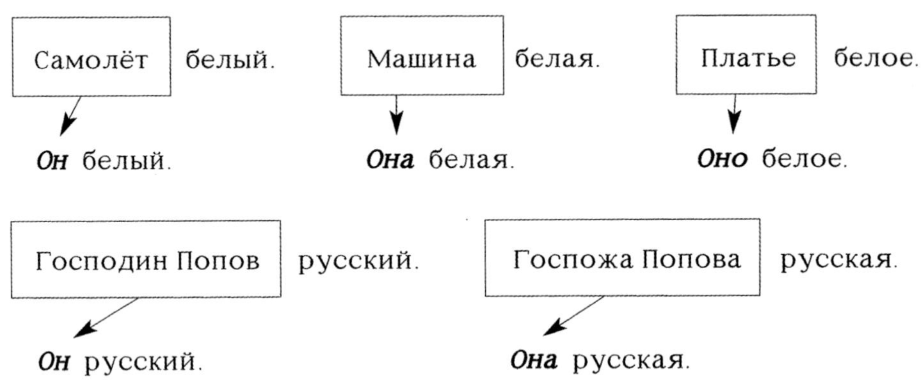

Упражнение 8

Образец: Книга на столе? Да, ***она на столе***.

1. Карта на стене? Да, она.
2. Телефон белый Нет, он не белый.
3. Женщина на улице? Да, она на улице.
4. Нина врач? Нет, она не врач.
5. Школа большая? Да, она большая.
6. Озеро Байкал большое? Да, оно большое.
7. Москва в Америке? Нет, она не в Америке.
8. Красное море в России? Нет, оно не в России.
9. Платье красивое? Да, оно красивое.
10. Галстук на стуле? Нет, он не на стуле.

Упражнение 9

Образец: Карандаш на столе?

Я не знаю, где он.

1. Теплоход в порту?

2. Этот мальчик — ученик?

3. Это стул?

4. Госпожа Джонсон испанка?

5. Таня в Петербурге?

6. "Москвич" — это машина или газета?

7. Париж красивый город?

8. Ручка красная?

9. Чёрное море большое?

10. Платье синее?

ОФИЦИАНТ ИЛИ ОФИЦИАНТКА?

Он — официант. Она — официантка.

Упражнение 10

	Он...	Она...
Образец:	журналист	***журналистка***
1.	ученик	__________
2.	__________	госпожа
3.	инженер	__________
4.	__________	женщина
5.	__________	девочка
6.	врач	__________
7.	__________	журналистка
8.	россиянин	__________

ПОСМОТРИТЕ НА КАРТУ!

Это карта России. Россия — очень большая страна. Посмотрите! Вот Москва. Москва — очень большой город в России. Москва в Европе или в Азии? Москва в Европе. Правильно ли, что Москва — порт? Да, Москва— порт на Москве-реке. А что такое Красная площадь? Это большая площадь в Москве. Кремль тоже в Москве.

Посмотрите ещё раз на карту! Вот город Санкт-Петербург. Санкт-Петербург тоже в Европе. Это очень красивый город. Санкт-Петербург тоже порт, на реке Неве. Нева — короткая река. А какая река длинная? Дон — длинная река. Волга тоже очень длинная река. А Новосибирск? Это река или город? Новосибирск — город. Новосибирск на Дону или на Волге? Он не на Дону и не на Волге. Новосибирск на реке Обь. Обь— очень длинная река.

А вот озеро Байкал. Где оно, в Европе или в Азии? Озеро Байкал в Азии. Это очень большое и красивое озеро. А Ангара? Это река или озеро? Ангара — это река. Ангара тоже в Азии. Какой город на реке Ангаре? Город Иркутск. Это большой русский город.

Упражнение 11

1. Это карта какой страны?
2. Россия большая или маленькая страна?
3. Красная площадь в Москве или в Санкт-Петербурге?
4. Санкт-Петербург в Европе или в Азии?
5. Санкт-Петербург — порт?
6. Волга тоже порт?
7. Что такое Волга?
8. Какая река Волга?
9. Нева тоже длинная река?
10. Город Иркутск в Европе?
11. Где город Иркутск?
12. Что такое Байкал?

21 двадцать один	22 двадцать два	23 двадцать три
24 двадцать четыре	25 двадцать пять	26 двадцать шесть
27 двадцать семь	28 двадцать восемь	29 двадцать девять
30 тридцать	31 тридцать один	40 сорок
50 пятьдесят	60 шестьдесят	70 семьдесят
80 восемьдесят	90 девяносто	100 сто

Упражнение 12

Напишите, пожалуйста!

Образец: 71 ***семьдесят один***

1. 62 ____________________
2. 34 ____________________
3. 58 ____________________
4. 46 ____________________
5. 21 ____________________
6. 98 ____________________
7. 85 ____________________
8. 33 ____________________
9. 69 ____________________
10. 77 ____________________

Упражнение 13

Образец: Это **книга**. *Что это?*

1. Книга **красная.** ________
2. Книга **на столе.** ________
3. Это **большая** книга. ________
4. **Маленькая** книга на полу. ________
5. Этот город — **Москва.** ________
6. **Длинный** карандаш на стуле. ________
7. **Карта** на стене. ________
8. Это карта **России.** ________
9. Россия - **страна.** ________
10. Это озеро **Байкал.** ________
11. Этот город в **Азии.** ________
12. **Ученик** в школе. ________

Глава 3

В РЕСТОРАНЕ

Официант: Здравствуйте! Вот меню. Я вас слушаю.

Господин Дюваль: Так… Что такое "Балтика"?

Официант: Это пиво. Очень хорошее русское пиво.

Господин Дюваль: Интересно. Дайте, пожалуйста, стакан пива.

Официант: Извините, а вы? Вы хотите пиво?

Господин Дюваль: Моя жена не говорит по-русски. Кофе, пожалуйста.

Официант: Кофе с молоком?

Господин Дюваль: Нет, пожалуйста, без молока.

Официант: Стакан пива и чашка кофе. Это всё?

Господин Дюваль: Да, это всё. Спасибо.

Официант: Хорошо!

Господин Дюваль сидит в ресторане в Москве и говорит с официантом. Официант – русский. Он говорит по-русски. Господин Дюваль тоже говорит по-русски, но он не русский. Он – француз.

А кто еще сидит с ним за столом? Это госпожа Дюваль. Кто госпожа Дюваль по национальности? Она тоже француженка.

Госпожа Дюваль говорит по-французски и по-английски, но она не говорит по-русски. В ресторане она говорит с господином Дювалем по-французски.

Упражнение 14

1. Господин Дюваль на улице?

2. Где он?

3. Знаете ли вы, где этот ресторан?

4. Господин Дюваль стоит или сидит?

5. Он сидит в ресторане с клиентом?

6. Он говорит с женой или с официантом?

7. Где стоит официант?

8. Господин Дюваль говорит с официантом о ресторане или о меню?

9. На каком языке он говорит с официантом?

10. Госпожа Дюваль тоже говорит по-русски?

11. Говорит ли она по-английски?

12. На каком языке она говорит с господином Дювалем?

ЧТО ЭТО?

Это бутылка. Это большая бутылка. А что в этой большой бутылке? Это бутылка водки или пива? Это не водка и не пиво. Это бутылка вина.

Бутылка зелёная, а вино красное. Это бутылка "Кьянти". Что такое "Кьянти"? Это очень вкусное итальянское вино.

А вы знаете, что такое "Шабли"? "Шабли" - это тоже вино. Это белое французское вино.

А что это? Это не бутылка, а чашка. Эта чашка маленькая.
Это чашка кофе или молока?
Это чашка кофе.
В чашке кофе с молоком или без молока? Это чашка кофе без молока. Чашка белая, а кофе чёрный. Это вкусный чёрный кофе с сахаром.

А что это? Это бутылка или чашка? Это не бутылка и не чашка. Это стакан пива.

А что это? Это тарелка. А что в тарелке? В тарелке кусок хлеба. Это чёрный хлеб? Нет, это белый хлеб.

Что ещё на этой картинке? Там стоит пакет. Это пакет молока.

ШОКОЛАД И КОРОБКА ШОКОЛАДА

Это шоколад

Это коробка шоколада

водка вода вино пиво молоко чай кофе	стакан чашка бутылка	водки воды вина пива молока чая кофе
сахар йогурт шоколад	пакет коробка	сахара йогурта шоколада

Упражнение 15

Образец: сахар/ пакет **Сахар в пакете. Это пакет сахара.**

1. молоко/ чашка
2. йогурт/ пакет
3. чай/ стакан
4. вино/ бутылка
5. вода/ стакан
6. кофе/ чашка

МУЖЧИНА СТОИТ...

На этой картинке мужчина. Знаете ли вы, кто этот мужчина? Конечно! Это господин Попов. Он - русский.

Господин Попов сидит? Нет, он не сидит, а стоит. На картинке есть машина. Посмотрите! Господин Попов стоит за этой машиной? Нет, он стоит перед машиной.

Какого цвета эта машина? Она белая? Нет, это маленькая чёрная машина. А кто за этой машиной? За этой машиной собака. Собака сидит на улице.

ЖЕНЩИНА СИДИТ...

На этой картинке женщина. Это госпожа Попова. Госпожа Попова сидит или стоит? Она сидит.

Где сидит госпожа Попова?
Она сидит в машине.
Кто ещё сидит в машине?
Там сидит девочка.
Госпожа Попова говорит с девочкой.

... А МАЛЬЧИК ЛЕЖИТ

А это ни мужчина, ни женщина. Это мальчик. Этот мальчик стоит или сидит? Он не стоит, не сидит, а лежит.

Где он лежит? На полу? Да, он лежит на полу. Книга тоже на полу. Она лежит перед мальчиком.

ДЕВУШКА СИДИТ, А МУЖЧИНА СТОИТ

Бумага лежит на столе.
Телефон стоит на столе.

Девушка сидит за столом.
Мужчина стоит перед столом.
Он говорит с девушкой.

я	*вы*	*он*	*мы*
стою	стоите	стоит	стоим
сижу	сидите	сидит	сидим
лежу	лежите	лежит	лежим
говорю	говорите	говорит	говорим

Упражнение 16

Образец: Я стою перед столом.
Секретарь стоит перед столом.
Мы стоим перед столом.
Вы стоите перед столом.

1. Мы сидим в машине.
   Вы ________________.
   Я ________________.
   Женщина ________________.

2. Мальчик лежит на диване.
   Я ________________.
   Мы ________________.
   Вы ________________.

3. Вы говорите по-русски.
   Я ________________.
   Девочка ________________.
   Мы ________________.

4. Ученик говорит с учителем.
   Я ________________.
   Мы ________________.
   Вы ________________.

5. Девочка стоит перед окном.
   Я ________________.
   Вы ________________.
   Мы ________________.

ПОСМОТРИТЕ, КТО В ОФИСЕ

Это офис. В этом офисе господин Комаров и Таня Доброва. Господин Комаров - диктор фирмы. А кто Таня Доброва? Таня - секретарь.

Где эта фирма? Эта фирма в России. Она в Москве. Господин Комаров - русский. Он российский бизнесмен. Говорит ли он по-русски? Конечно! Он говорит по-русски очень хорошо.

А кто Таня Доброва по национальности? Она тоже русская? Да, она русская и говорит с директором по-русски. Ещё Таня говорит немножко по-английски.

Таня сидит на маленьком стуле. Она сидит за столом. Перед ней на столе стоит компьютер. Это новый компьютер. Что ещё стоит на столе? Там ещё телефон. А сумка тоже на столе? Нет, сумка не на столе. Она стоит под столом. А где газета. Вот она, под дверью! Она лежит на полу за директором. А где окно? Оно перед Таней? Нет, оно за ней.

А директор тоже сидит? Нет, директор не сидит. Он стоит перед столом. Стол стоит между ним и Таней Добровой. Директор говорит с Таней. Он говорит по-французски? Нет. На каком языке он говорит? Он говорит по-русски. Директор говорит о письме.

Упражнение 17

1. На картинке ресторан или офис?
2. В каком городе эта фирма?
3. Где сидит Таня?
4. Что стоит перед ней?
5. Компьютер стоит на столе или под столом?
6. Что стоит под столом?
7. Где в офисе окно?
8. Что лежит под дверью?
9. Газета лежит перед директором или за ним?
10. А где стоит стол?
11. Директор говорит по телефону?
12. Он говорит о фильме?

ЗА, ПЕРЕД, ПОД, С(О), МЕЖДУ

Вот **стол.** → Секретарь сидит за столом.

Вот **карта.** → Директор стоит перед картой.

Вот...	*за, перед...*
стол	столом
стул	стулом
телефон	телефоном
город	городом
пол	полом
компьютер	компьютером
журнал	журналом
гараж	гаражом
автобус	автобусом
самолёт	самолётом
аэропорт	аэропортом
поезд	поездом
вокзал	вокзалом
теплоход	теплоходом
порт	портом
океан	океаном
континент	континентом
ресторан	рестораном
стакан	стаканом
господин	господином
человек	человеком
мальчик	мальчиком
ученик	учеником
галстук	галстуком
костюм	костюмом
коридор	коридором
класс	классом
учитель	учителем
потолок	потолком
угол	углом
ребёнок	ребёнком

Вот...	*за, перед...*
карта	картой
стена	стеной
карта	картой
картинка	картинкой
газета	газетой
лампа	лампой
книга	книгой
ручка	ручкой
река	рекой
вода	водой
чашка	чашкой
бутылка	бутылкой
виза	визой
пачка	пачкой
брошюра	брошюрой
коробка	коробкой
сумка	сумкой
машина	машиной
автострада	автострадой
школа	школой
женщина	женщиной
девочка	девочкой
девушка	девушкой
госпожа	госпожой
рубашка	рубашкой
собака	собакой
копия	копией
улица	улицей
учительница	учительницей
дверь	дверью

Упражнение 18

Образец: Вот компьютер. Коллега сидит за __компьютером__.

1. Вот дверь. Человек стоит перед ________.
2. Вот кресло. Девочка сидит в ________.
3. Вот угол. Стол стоит в ________.
4. Вот стена. Карта висит на ________.
5. Вот машина. Собака лежит за ________.
6. Вот врач. Я говорю с ________.
7. Вот коробка. Ручка лежит в ________.
8. Вот окно. Стул стоит перед________.
9. Вот карта. Картинка висит под________.
10. Вот коробка, а вот пачка. Пакет лежит между ________.

я вы он она оно мы	за перед (о) с (о)	⇨	***мной*** ***вами*** ***ним*** ***ней*** ***ним*** ***нами***

Упражнение 19

Образец: Что такое Марсель?
Это французский город.

1. Что такое “Кадиллак”?
2. Что такое “Коммерсант”?
3. Что такое “Боинг 747”?
4. Что такое “Кьянти”?
5. Что такое “Огонёк”?
6. Что такое “Лада”?
7. Что такое “Паркер”?
8. Что такое “Лондон Таймс”?
9. Что такое “Столичная”?
10. Что такое “Хайнекен”?
11. Что такое Волга?
12. Что такое Дюссельдорф?

КАКОЕ ЭТО ЧИСЛО?

101 сто один	102 сто два	103 сто три	104 сто четыре
105 сто пять	106 сто шесть	107 сто семь	108 сто восемь
200 двести	215 двести пятнадцать	220 двести двадцать	250 двести пятьдесят
300 триста	400 четыреста	500 пятьсот	600 шестьсот
700 семьсот	800 восемьсот	900 девятьсот	1000 тысяча

Упражнение 20

Напишите, пожалуйста.

Образец: 125 ***сто двадцать пять***

1. 218 ______
2. 654 ______
3. 381 ______
4. 192 ______
5. 815 ______
6. 444 ______
7. 539 ______
8. 712 ______
9. 973 ______
10. 109 ______
11. 460 ______
12. 827 ______
13. 335 ______
14. 901 ______
15. 1000 ______

Глава 4

ЧЕЙ ЭТО СТУЛ?

Что это? Это стол? Это дверь? Нет, это не стол и не дверь. Это стул. Посмотрите! Директор сидит на этом стуле? Нет, он не сидит на стуле. Кто-нибудь сидит на стуле? Да, кто-то там сидит. Кто-то сидит на стуле. Там сидит моя сестра. Это её стул.

ЧЬЯ ЭТО МАШИНА?

Посмотрите ещё раз! Посмотрите на эту картинку! На картинке машина. Это ваша машина? Это машина директора? Нет, это не ваша машина и не директора. Это моя машина. Моя машина маленькая и синяя. Есть ли кто-нибудь в этой машине? Сидит ли кто-нибудь там? Да, там кто-то сидит. Там сидит мужчина. Вы знаете, кто этот мужчина? Правильно! Это я. Я сижу в этой машине.

ЧЕЙ ЭТО КАБИНЕТ?

Это кабинет. А чей это кабинет? Это мой кабинет. В моём кабинете есть большое окно и большой стол. На столе стоит телефон. А что ещё стоит на моём столе? Конечно, там ещё стоит лампа. Стоит ли что-нибудь под столом? Нет, там ничего не стоит, но там что-то лежит. Там лежит бумага. Посмотрите. Я в кабинете? Нет, я не в кабинете. А кто сидит в моём кабинете за столом? Там никто не сидит. В моём кабинете никого нет.

ЧЕЙ, ЧЬЯ, ЧЬЁ?

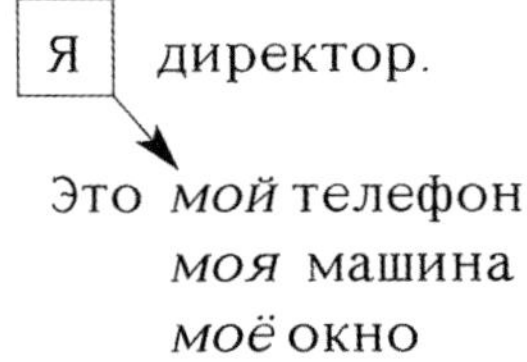

моя машина
моё окно

	телефон	*машина*	*окно*
я	мой	моя	моё
вы	ваш	ваша	ваше
мы	наш	наша	наше
он		его	
она		её	
Кто?	*Чей?*	*Чья?*	*Чьё?*

Упражнение 21

Образец: Я — учитель. Вот ***мой*** класс.

1. Елена - туристка. Вот __________ видеокамера.

2. Мы сейчас в школе. Это __________ школа.

3. Я сижу в этом кресле. Это __________ кресло.

4. Господин Карпов в машине. Вот __________ машина.

5. Вы — ученик. Вот __________ книга.

ЭТО СТОЛ ДИРЕКТОРА?

Это	директор господин Попов.	⇨	Это стол	директор**а** господин**а** Попов**а**.
Это	его жена госпожа Попова.	⇨	Это стол	его жен**ы** госпож**и** Попов**ой**.

человек	человек**а**
брат	брат**а**
муж	муж**а**
Михаил	Михаил**а**
господин	гоподин**а**
учитель	учител**я**
мужчина	мужчин**ы**
коллега	коллег**и**
дом	адрес дом**а**
телефон	номер телефон**а**
автобус	шофёр автобус**а**
город	улица город**а**
язык	учитель язык**а**

женщина	женщин**ы**
сестра	сестр**ы**
жена	жен**ы**
Анна	Анн**ы**
госпожа	госпож**и**
девушка	девушк**и**
официантка	официантк**и**
ученица	учениц**ы**
квартира	номер квартир**ы**
сумка	цвет сумк**и**
река	берег рек**и**
Франция	карта Франци**и**
дверь	ручка двер**и**

Вот госпожа Попова.
Вот машина госпож**и** Попов**ой**.

Упражнение 22

Образец: Это господин Попов. */стол/*

Это стол господина Попова.

1. Это Анна. /сумка/

2. Это ученик. */журнал/*

3. Это школа.*/дверь/*

4. Это директор. /пейджер/

5. Это госпожа Смирнова. /ребёнок/

6. Это Михаил. */ручка/*

7. Это город. */улица/*

8. Это господин Петров. */машина/*

9. Это телефон. /номер/

10. Это Германия. */карта/*

ЧТО ЕСТЬ? ЧЕГО НЕТ?

На столе есть карандаш.
На стене есть карта.
В комнате есть окно.

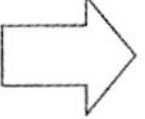

На полу нет карандаш**а**.
На двери нет карт**ы**.
В коридоре нет окн**а**.

Есть...	*Нет...*
карандаш	карандаш**а**
принтер	принтер**а**
учитель	учител**я**
отель	отел**я**
ребёнок	ребёнк**а**
чай	ча**я**
кофе	кофе
карта	карт**ы**
машина	машин**ы**
улица	улиц**ы**
станция	станци**и**
бумага	бумаг**и**
площадь	площад**и**
госпожа	госпож**и**
окно	окн**а**
вино	вин**а**
письмо	письм**а**
упражнение	упражнени**я**
море	мор**я**
бюро	бюро
меню	меню
кафе	кафе

Упражнение 23

Образец: В школе есть класс.

В фирме нет **класса**.

1. В классе есть окно.

   В коридоре нет ________________.

2. В баре есть телевизор.

   В кафе нет____________.

3. В шкафу есть жакет.

   На стуле нет____________.

4. В чашке есть кофе.

   В термосе нет____________.

5. В комнате есть кресло.

   В классе нет ________________.

6. В доме есть собака.

   На картинке нет____________.

7. В стакане есть чай.

   В сумке нет ________________.

8. В кармане есть письмо.

   В коробке нет ________________.

9. На улице есть машина.

   В гараже нет ________________.

10. На стене есть карта.

    В книге нет ________________.

С МОЛОКОМ ИЛИ БЕЗ МОЛОКА?

Это кофе с молоком?
– Нет, это кофе без молока.

Вот...		*без...*
стол карман гараж ресторан коридор		стола кармана гаража ресторана коридора
книга картинка сумка лампа работа	⇨	книги картинки сумки лампы работы
окно вино море пальто фото		окна вина моря пальто фото

Упражнение 24

Образец: Этот кофе без **молока** . */ молоко/*

1. Этот дом без ________________ . */гараж/*

2 .Этот костюм без ________________ . */карман/*

3. Эта комната без ________________ . */стол/*

4. Борис говорит по-русски без ________________ . /акцент/

5. Этот город без ________________ . */река/*

6. Этот коридор без ________________ . */дверь/*

7. Этот канал без ________________ . /реклама/

8. Это слово без ________________ . */буква "я"/*

9. Этот офис без ________________ . /компьютер/

10. Эта комната без ________________ . */телефон/*

НИЧЕГО/НИКОГО

Есть ли *что-нибудь* на столе?
— Нет, там ничего нет.

Есть ли что-нибудь *под* столом?
— Да, там что-то есть.

Стоит ли там *что-нибудь?*
— Да, там что-то стоит.

Что там стоит?
— Там стоит сумка.

Есть ли *кто-нибудь* в будке?
— Да, там кто-то есть.

Говорит ли *кто-нибудь* по телефону?
— Да, кто-то говорит.

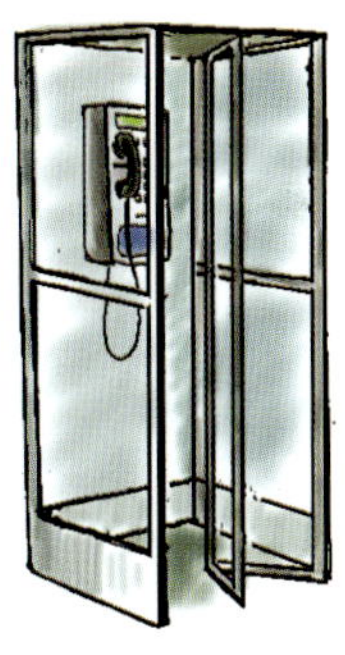

Есть ли кто-нибудь в этой будке?
— Нет, там никого нет.

Говорит ли кто-нибудь по телефону?
— Нет, никто не говорит.

Упражнение 25

Образец: Кто-то говорит.

Никто не говорит .

1. Здесь что-то лежит.

2. В кресле кто-то сидит.

3. Кто-то стоит за дверью.

4. На стене что-то висит.

5. В комнате кто-то есть.

6. Ученик что-то говорит.

7. В кармане что-то есть.

8. В машине кто-то сидит.

9. В коридоре кто-то разговаривает.

10. В бумажнике что-то есть.

В КАФЕ

Павел: Таня! Здравствуйте! Как вы?

Таня: Хорошо. Всё в порядке. А вы?

Павел: Тоже хорошо, спасибо. Скажите, Таня, вы знаете это кафе?

Таня: Нет, но здесь очень приятно!

Павел: Это кафе "Москва". Очень хорошее кафе. А где официант? А, вот он. Официант!

Официант: Здравствуйте! Я вас слушаю.

Павел: Кофе, пожалуйста. А вы, Таня?

Таня: Чай, пожалуйста.

Официант: Кофе с молоком или без?

Павел: Без молока, чёрный.

Официант: Хорошо. Один чай, один чёрный кофе.

***

Официант: Пожалуйста, вот чай и кофе.

Павел, Таня: Спасибо!

Официант: Пожалуйста.

Упражнение 26

1. Это кафе или ресторан?

2. Знает ли Таня это кафе?

3. Это кафе "Урал" или "Москва"?

4. Это хорошее кафе?

5. Кто говорит: “Здесь очень приятно”?

6. Где находится это кафе, в городе или в аэропорту?

7. В кафе Виктор и Ольга?

8. Кто в кафе?

9. Кто стоит, Павел или официант?

10. Где лежит меню?

11. Что в чашке?

12. Какой кофе в чашке, с молоком или без?

В ЭТОЙ БОЛЬШОЙ КОМНАТЕ

Этот русский класс — в школе Берлиц.

В этом русском классе есть учитель и ученик.

Эта большая комната — русский класс.

В этой большой комнате есть карта Европы.

карандаш/окно			бумага		
этот/это		*этом*	*эта*		*этой*
мой/моё		моём	моя		моей
ваш/ваше		вашем	ваша		вашей
наш/наше	на в о(об)	нашем	наша	на в о(об)	нашей
большой (-ое)		большом	большая		большой
маленький (-ое)		маленьком	маленькая		маленькой
белый (-ое)		белом	белая		белой
синий (-ее)		синем	синяя		синей

Упражнение 27

Образец: Эта машина большая.
Я сижу ***в этой большой машине***.

1. Этот класс маленький.
   Учитель стоит в ________________.
2. Мой стол коричневый.
   Книга лежит на ________________.
3. Эта стена белая.
   Карта висит на ________________.
4. Эта улица красивая.
   Наша школа на ________________.
5. Мой мобильный телефон новый.
   Я говорю о ________________.
6. Ваша комната маленькая.
   Я сижу в ________________.
7. То кресло синее.
   Что-то лежит на ________________.
8. Эта книга интересная.
   Расскажите об ________________.
9. Этот журналист хороший.
   Мы говорим об ________________.
10. Ваша машина итальянская.
    Я сижу в ________________.

В комнате есть...		*В коридоре нет...*
белый телефон маленькая карта большое окно	→	бел**ого** телефон**а** маленьк**ой** карт**ы** больш**ого** окн**а**

Этот/Это	→	*Этого*
большой (-ое) другой (-ое) длинный (-ое) белый (-ое) маленький (-ое) короткий (-ое)	-ого	больш**ого** друг**ого** длинн**ого** бел**ого** маленьк**ого** коротк**ого**
синий (-ее) хороший (-ее)	-его	син**его** хорош**его**

Эта	→	*Этой*
большая другая длинная белая маленькая короткая	-ой	больш**ой** друг**ой** длинн**ой** бел**ой** маленьк**ой** коротк**ой**
синяя хорошая	-ей	син**ей** хорош**ей**

Упражнение 28

Образец: Здесь есть большой гараж.

Там нет ***большого гаража***.

1. Здесь есть хороший ресторан.

   Там нет __________________.

2. В этом городе есть большая площадь.

   В том городе нет __________________.

3. В школе есть длинный коридор.

   В здании нет __________________.

4. На столе есть красная книга.

   На полу нет __________________.

5. В ресторане есть вкусное вино.

   В кино нет __________________.

6. На газете есть короткий карандаш.

   На журнале нет __________________.

7. В комнате есть синее кресло.

   В классе нет __________________.

8. В коробке есть новый диск.

   В плейере нет __________________.

Глава 5

ЧТО МЫ ЗНАЕМ О ГОСПОДИНЕ КОМАРОВЕ?

Комаров
Михаил Петрович
фирма “Звезда”, менеджер

Москва 127034
ул. Чехова, 28
Тел.: 151-34-17,
www.zvezda.ru/

Вот маленькая карточка. А как называется эта карточка? Она называется “визитная карточка”. Посмотрите! Чья это карточка? Моя? Ваша? Нет, это карточка Михаила Комарова.

Что на этой карточке? На этой карточке есть фамилия, имя и отчество господина Комарова: Комаров Михаил Петрович.

А что ещё на карточке? Есть ли там его адрес? Знаем ли мы, где живёт господин Комаров?

Нет, мы не знаем адреса господина Комарова, но знаем адрес его работы. Господин Комаров работает в большой фирме в Москве. А как называется фирма, где он работает? Его фирма называется “Звезда”. Эта фирма находится на улице Чехова, дом 28. На карточке есть номер телефона и сайт фирмы.

А что делает господин Комаров в фирме “Звезда”? Знаем ли мы, кто он по профессии? Да, он - менеджер. Господин Комаров очень хороший менеджер.

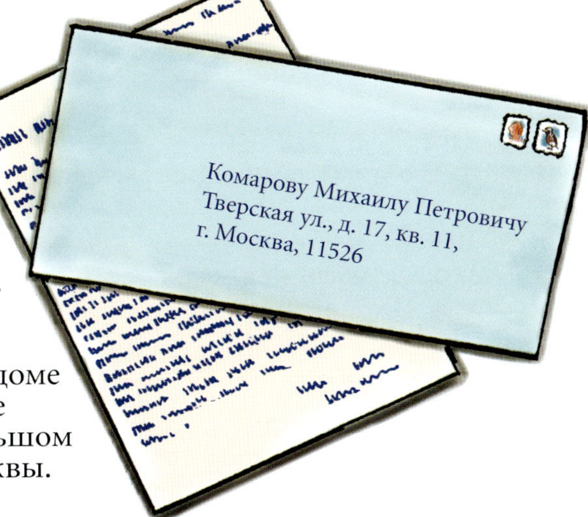

Посмотрите ещё раз! Что это такое? Это карточка или письмо? Конечно, это письмо. Это письмо и конверт. На конверте тоже есть фамилия, имя и отчество господина Комарова. На конверте есть и адрес, но это не адрес работы. Это адрес дома, где он живёт. Господин Комаров живёт в Москве на Тверской улице, в доме номер 17. Он живёт в кварире номер 11. Эта квартира в большом красивом доме в центре Москвы.

Упражнение 29

1. Визитная карточка маленькая или большая?
2. Чья это карточка?
3. Как его имя и отчество?
4. Господин Комаров менеджер или программист?
5. Где он работает?
6. Какой его рабочий номер телефона?
7. Какой адрес его фирмы?
8. Что на другой картинке?
9. Чей адрес на конверте?
10. Это его домашний адрес[1] или адрес его работы?
11. Какой домашний адрес господина Комарова?
12. В каком доме его квартира?

[1] *домашний адрес = адрес дома*

ГДЕ ОН РАБОТАЕТ?

Вот продавец. Он работает в магазине.

он...	***она***...	*он /она* ***работает***...
официант	официантка	в ресторане
врач	врач	в больнице
профессор	профессор	в университете
учитель	учительница	в школе
продавец	продавец	в магазине
тренер	тренер	на стадионе
журналист	журналистка	в журнале
секретарь	секретарь	в фирме
инженер	инженер	на фабрике
актёр	актриса	в театре

Упражнение 30

Образец: Он фермер.
Он работает *на ферме*.

1. Он официант.
   Он работает ____________.
2. Она секретарь.
   Она работает ____________.
3. Он профессор.
   Он работает ________________.
4. Она врач.
   Она работает ________________.
5. Он учитель.
   Он работает ________________.
6. Она журналистка.
   Она работает ________________.
7. Он продавец.
   Он работает ________________.
8. Она инженер.
   Она работает________________.
9. Она актриса.
   Она работает ____________.
10. Он менеджер.
    Он работает ____________.

САНКТ-ПЕТЕРБУРГ

Санкт-Петербург - большой город. Он стоит на реке Неве. Это большая и красивая река. Санкт-Петербург - большой порт.

Санкт-Петербург - очень красивый город. В центре города - широкая улица. Эта улица называется Невский проспект. Музей "Эрмитаж" находится тоже в центре города - на Дворцовой площади. В Санкт-Петербурге есть прекрасный университет.

Сергей Смирнов живёт в Санкт-Петербурге. Он живёт не в центре Санкт-Петербурга, а на востоке города. По профессии Сергей Смирнов врач. Он работает в больнице. Больница находится в большом здании на юге Санкт-Петербурга.

Упражнение 31

1. Какой город стоит на реке Неве?

2. Санкт-Петербург — большой или маленький город?

3. Как называется улица в центре города?

4. Где находится музей “Эрмитаж”?

5. В каком городе живёт Сергей Смирнов?

6. Это правда, что Санкт-Петербург порт?

7. Есть ли в Санкт-Петербурге университет?

8. Кто Сергей Смирнов по профессии?

9. Где он живёт — в центре или на востоке города?

10. Где он работает?

11. Где находится эта больница?

Я - УЧИТЕЛЬ

Здравствуйте! Я - Евгений Борисович. Моя фамилия Карпов. Я - учитель. Я работаю в школе **Берлиц**. Школа **Берлиц** находится в центре нашего города. Я преподаю русский язык в этой школе. Посмотрите! Это мой класс - класс русского языка.

А кто со мной в этом классе? Сидит ли кто-нибудь на стуле передо мной? Да, сидит. Кто же это? Это инспектор? Консультант? Нет, это не инспектор и не консультант. Это мой ученик. А как фамилия этого человека? Его фамилия Россини. Господин Россини итальянец. Он изучает русский язык в моём классе.

Господин Россини - журалист из Рима, но живёт и работает в России. Дома он говорит по-итальянски. Я тоже говорю немножко по-итальянски, но в этом классе мы совсем не говорим по-итальянски. Здесь мы говорим только по-русски. Я думаю, что это очень хороший и интересный метод.

Посмотрите ещё раз на картинку! Что я делаю? Тоже сижу? Нет, я не сижу, а стою. Где я стою? Я стою перед моим учеником. Я стою между господином Россини и столом. Мы оба сейчас в классе. Сидит ли кто-нибудь за мной? Нет, там никто не сидит. За мной никого нет.

А что же за мной не стене? Висит ли там что-нибудь? Да, там висит карта. Это карта Америки? Нет, это не карта Америки. Какая это карта? Это карта Европы.

А что есть в вашем классе? Расскажите немножко о вашем классе русского языка.

Упражнение 32

1. Я учитель?
2. Где я работаю?
3. Что я преподаю?
4. Кто сидит передо мной на стуле?
5. Как фамилия этого человека?
6. Кто он по национальности?
7. Что господин Россини изучает в школе?
8. Кто он по профессии?
9. Из какого он города?
10. В какой стране господин Россини живёт и работает?
11. Висит на стене карта?
12. Это карта Азии или Европы?

я	*вы*	*он(-а)*	*мы*
делаю	делаете	делает	делаем
думаю	думаете	думает	думаем
живу	живёте	живёт	живём
изучаю	изучаете	изучает	изучаем
нахожусь	находитесь	находится	находимся
преподаю	преподаёте	преподаёт	преподаём

Упражнение 33

Образец: Я думаю о Москве.
Пётр ***думает о Москве***.

1. Мы изучаем русский язык.
   Вы ______________.
2. Нина преподаёт английский.
   Я ______________.
3. Господин Попов рассказывает о России.
   Вы ______________.
4. Кафе находится в центре города.
   Мы ______________.
5. Ученик делает упражнение.
   Я ______________.
6. Чёрное море находится на юге России.
   Я ______________.
7. Он живёт в столице.
   Мы ______________.
8. Я говорю по-русски и по-английски.
   Бизнесмен ______________.

МЫ ЖИВЁМ В ОДНОМ ДОМЕ

Ольга: Скажите, пожалуйста, где живёт Семён Сергеев? Вы знаете его адрес?

Виктор: Конечно, знаю. Он живёт на Малой Грузинской улице, в доме номер 34.

Ольга: На Малой Грузинской? А правда, что вы тоже живёте на этой улице?

Виктор: Да, правда. Мы живём в одном доме. Его квартира под нами.

Ольга: Как интересно! Вы не знаете, он на работе или дома?

Виктор: Я не уверен, но думаю, что на работе. Вы знаете его рабочий номер телефона?

Ольга: 474-07-15. Правильно?

Виктор: Да, это его рабочий телефон.

Глава 6

ОТКУДА ПАВЕЛ БЕРЁТ ОЧКИ?

Это Павел. А что Павел сейчас делает? Он открывает дверь. Перед ним в комнате стол и стул. А что есть на этом столе? Там есть журнал? Книга? Нет, там нет ни журала, ни книги. На столе есть мобильный телефон и газета.

А где Павел сейчас? Около двери? Нет, сейчас он стоит около стола. Он берёт мобильный телефон. Он берёт его со стола. А что ещё делает Павел? Он берёт из кармана очки и читает СМС. Куда он потом кладёт телефон? Он кладёт его в сумку.

Скажите, пожалуйста, что Павел делает сейчас? Сейчас он кладёт очки в футляр. Потом он закрывает футляр и кладёт его в карман. Он берёт со стола газету? Нет, он не берёт её. Она лежит на столе.

ВОЗЬМИТЕ, ПОЖАЛУЙСТА!

Вот | книга |

Возьмите книгу, пожалуйста!

Вот... *Это...*		*Возьмите ...!* *Откройте...!*
бумажник		бумажник
журнал		журнал
карандаш		карандаш
стакан		стакан
ящик		ящик
газета		газету
книга		книгу
коробка	⇨	коробку
машина		машину
сумка		сумку
вино		вино
меню		меню
молоко		молоко
окно		окно
письмо		письмо

Это...газета. *Это...книга.*		*Я открываю...газету.* *Я беру...книгу.*
большая		большую
интересная		интересную
русская	⇨	русскую
хорошая		хорошую
синяя		синюю

Упражнение 34

Образец: */эта большая коробка/*

Я беру **эту большую коробку**.

На полу нет **этой большой коробки**.

1. */маленькая чёрная машинка/*

   Таня берёт ____________________.

   У меня нет ____________________.

2. */этот синий костюм/*

   Возьмите, пожалуйста, ____________________.

   У кого есть ____________________?

3. */эта русская газета/*

   Учитель открывает ____________________.

   Дайте, пожалуйста, ____________________.

4. */белое итальянское вино/*

   Кто берёт ____________________?

   Здесь нет ____________________.

5. /компьютерный диск/

   Михаил берёт ______________.

   Чей это ______________.

6. */русская литература/*

   Мы изучаем ____________________.

   Знаете ли вы ____________________?

ГДЕ? КУДА? ОТКУДА?

Вот стол.		Вот бумага.	
Я **беру** карандаш	со стола.	Я **беру** карандаш	с бумаги.
Я **кладу** карандаш	на стол.	Я **кладу** карандаш	на бумагу.
Карандаш **лежит**	на столе.	Карандаш **лежит**	на бумаге.

	брать	*класть*	*открывать*	*закрывать*	*садиться*
я	беру	кладу	открываю	закрываю	сажусь
вы	берёте	кладёте	открываете	закрываете	садитесь
он	берёт	кладёт	открывает	закрывает	садится
мы	берём	кладём	открываем	закрываем	садимся

Упражнение 35

Образец: /коробка/

Конфета лежит в **коробке**.

Я беру конфету из **коробки**.

Я кладу бумагу на **коробку**.

1. /бумажник/

Паспорт лежит в ___________.

Вы берёте паспорт из ___________.

Вы кладёте паспорт в ___________.

2. /карман/

Газета лежит____________.

Михаил берёт очки из ____________.

Я кладу бумажник в ____________.

3. */сумка/*

Ключ лежит в ________________.

Вы берёте деньги из ________________.

Мария кладёт книгу в ________________.

4. */пол/*

Ящик стоит на ________________.

Я беру чемодан с ________________.

Мы кладём коврики на ________________.

5. */столик/*

Ручка лежит на ________________.

Секретарь кладёт письмо на _____________.

Мы берём письма со ________________.

Упражнение 36

ЧТО ДЕЛАЕТ ПАВЕЛ В РЕСТОРАНЕ?

а. Павел встаёт со стула.
б. Он берёт бумажник из кармана брюк.
в. Он открывает бумажник.
г. Он берёт деньги из бумажника.
д. Он закрывает бумажник.
е. Он кладёт деньги в карман рубашки.
ж. Он зовёт официанта.

1. А сейчас вы — Павел! Что **вы** делаете?

   а. Я ________________________

   б. __________________________

   в. __________________________

   г. __________________________

   д. __________________________

   е. __________________________

   ж. __________________________

2. Я — Павел. Что **я** делаю?

   а. Вы ________________________

   б. __________________________

   в. __________________________

   г. __________________________

   д. __________________________

   е. __________________________

   ж. __________________________

МОЙ ИЛИ СВОЙ

Вот господин Краснов.
А вот **<u>его</u>** собака.

Собака стоит за **<u>его</u>** машиной.
Господин Краснов сидит в **<u>своей</u>** машине.

Это **<u>мой</u>** карандаш.

<u>Вы</u> берёте его:	Вы берёте **<u>мой</u>** карандаш.
<u>Я</u> беру его:	Я беру **<u>свой карандаш</u>**.

я	*вы*	*мы*	*я, вы, мы, он(а)*
мой	ваш	наш	свой
моя	ваша	наша	своя
моё	ваше	наше	своё
моего	вашего	нашего	своего
моей	вашей	нашей	своей
моего	вашего	нашего	своего
мой	ваш	наш	свой
мою	вашу	нашу	свою
моё	ваше	наше	своё
моим	вашим	нашим	своим
моей	вашей	нашей	своей
моим	вашим	нашим	своим
моём	вашем	нашем	своём
моей	вашей	нашей	своей
моём	вашем	нашем	своём

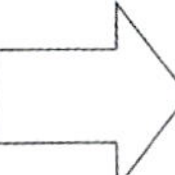

Упражнение 37

Образец: Это **моя** газета.
Вы открываете *мою газету.*
Я открываю *свою газету.*

1. Это **наш** класс.
   Мы сидим в ____________________.
   Директор стоит в ____________________.

2. Вот стол **коллеги.**
   Она сидит за ____________.
   Я сижу перед ____________.

3. Это **наш** метод.
   Вы говорите о ____________________.
   Мы говорим о ____________________.

4. Это дом **инженера**.
   Он живёт в ____________________.
   Мы живём в ____________________.

5. Это кабинет **врача**.
   Он сидит в ____________________.
   Мы сидим в ____________________.

6. Это **наша** школа.
   Мы стоим около ____________________.
   Машина стоит около ____________________.

КАКИЕ ЭТО КЛЮЧИ?

Это ключ.	Это *ключи.*
Этот ключ длинный.	Эти *ключи короткие.*

Этот	класс магазин журнал дом	*Эти*	классы магазины журналы дома
Эта	машина газета картинка чашка	⇨	машины газеты картинки чашки
Это	окно озеро море здание		окна озёра моря здания

белый(-ая,-ое) интересный (-ая,-ое) большой (-ая,-ое)		бел*ые* интересные больш*ие*
русский (-ая, -ое) хороший (-ая, ее) синий (-яя, -ее)	⇨	русск*ие* хорошие синие
мой (моя, моё)		мои
Какой (-ая,-ое) Чей, чья, чьё ...?		Какие ...? Чьи ...?

Упражнение 38

Образец: Эта комната большая.

Эти *комнаты большие* .

1. Эта улица длинная.

   Эти ____________________.

2. Этот мальчик русский.

   Эти ____________________.

3. Это озеро маленькое.

   Эти ____________________.

4. Эта машина итальянская.

   Эти ____________________.

5. Этот автобус красный.

   Эти ____________________.

6. Эта школа хорошая.

   Эти ____________________.

7. Этот журнал интересный.

   Эти ____________________.

8. Этот компьютер японский.

   Эти ____________________.

9. Это здание большое.

   Эти ____________________.

10. Эта рубашка белая.

    Эти ____________________.

В КЛАССЕ ЕСТЬ УЧЕНИКИ

В классе ***есть***...	В коридоре ***нет***...
ученики	учени**к<u>ов</u>**
столы	стол**<u>ов</u>**
карандаши	карандаш**<u>ей</u>**
рубли	рубл**<u>ей</u>**
женщины	женщин
книги	книг
карты	карт
коробки	короб**<u>ок</u>**
картинки	картин**<u>ок</u>**
чашки	чаш**<u>ек</u>**
деньги	ден**<u>ег</u>**

Упражнение 39

Образец: На улице есть машины.
В парке нет _машин_.

1. В классе есть ученики.
В коридоре нет ________________.
2. На столе есть журналы.
На полу нет ________________.
3. На улице есть автобусы.
На площади нет ________________.
4. В здании есть окна.
В гараже нет ________________.
5. Около школы есть магазины.
Напротив школы нет ________________.
6. В магазине есть продавцы.
В ресторане нет ________________.
7. В больнице есть врачи.
В лаборатории нет________________.
8. В вазе есть фрукты.
В сумке нет________________.
9. В бумажнике есть деньги.
В коробке нет ________________.
10. В киоске есть газеты.
В ящике нет________________.
11. В порту есть теплоходы.
На вокзале нет________________.
12. В городе есть отели.
За городом нет________________.

Глава 7

ОТКРЫТКА ИЗ МОСКВЫ

Здравствуйте, Алексей!

Мы в Москве. Сейчас мы стоим на Красной площади. Перед нами московский Кремль. Красная площадь очень большая и красивая. Она в центре Москвы. Москва - прекрасный город! Здесь очень интересно.

До свидания! Ваша Елена.

Чернову Алексею.
улица Пастера
дом 25, квартира 6
Одесса, 65025
Украина

Упражнение 40

1. В каком городе сейчас Елена?
2. На какой площади она стоит?
3. Кремль перед Еленой или за ней?
4. Какая Красная площадь?
5. Где она находится?
6. Знаете ли вы, кто стоит сейчас с Еленой на Красной площади?
7. В каком городе живёт Алексей?
8. Какой его адрес?

ОН И ОНА

Упражнение 41

Образец: Он - учитель. Она - ***учительница*** .

	Он...	*Она...*		*Он...*	*Она...*
1.	журналист	______	11.	______	туристка
2.	______	русская	12.	швед	______
3.	ученик	______	13.	______	министр
4.	официант	______	14.	______	продавец
5.	______	девочка	15.	экономист	______
6.	друг	______	16.	муж	______
7.	______	женщина	17.	______	актриса
8.	господин	______	18.	______	писательница
9.	Попов	______	19.	иностранец	______
10.	______	врач	20.	немец	______

Павел: Это для вас, Таня.
Таня: Спасибо, Павел!

Упражнение 42

Образец: Здравствуйте! <u>*г*</u>

1. Привет! ______
2. Познакомьтесь! ______
3. Правда ли, что...? ______
4. Вы очень хорошо говорите по-русски. ______
5. Где Таня? ______
6. Дайте мне журнал! ______
7. Вы говорите по-русски? ______
8. Всего хорошего! ______
9. Как дела? ______
10. Добрый день! ______

а. Добрый день!
б. Да, правда!
в. Очень приятно!
г. Здравствуйте!
д. Пожалуйста!
е. Спасибо!
ж. Спасибо, хорошо!
з. Привет!
и. Конечно!
к. До свидания!
л. Вот она.

Упражнение 43

Образец: Я изучаю русский язык.

Мария ***изучает русский язык***.

Вы ***изучаете русский язык***.

1. Ученик говорит с преподавателем.

   Вы ____________________.

   Мы ____________________.

2. Я беру ключи из сумки.

   Вы ____________________.

   Бабушка ____________________.

3. Что вы сейчас делаете?

   Что я ____________________?

   Что мы ____________________?

4. Вы открываете дверь или закрываете?

   Ольга ____________________?

   Я ____________________?

5. Я думаю о работе в Москве.

   Вы ____________________.

   Михаил ____________________.

6. Вы садитесь на стул перед уроком.

   Мы ____________________.

   Я ____________________.

Упражнение 44

Образец: Телефон не **на столе**.
Где телефон *?*

1. Машина не **в гараже**.

2. Этот текст не **из журнала.**

3. Я живу не в **этой** стране.

4. Моя книга не **белая**.

5. Это не **моя** газета.

6. Это не **господин Чернов**.

7. Это не **русская** программа.

8. На картинке не **только машина**.

9. Учитель говорит не **по-английски**.

10. Мы сейчас не **работаем**.

Упражнение 45

Образец: В этой чашке кофе с ***молоком***. *(молоко)*

1. Моя подруга живёт в ____________________. (Лондон)
2. Вы кладёте журнал на ____________________. *(стол)*
3. Кто говорит по ____________________? (телефон)
4. Учитель стоит перед ____________________. *(вы)*
5. Борис берёт паспорт из ____________________. (бумажник)
6. Наш дом без ____________________. *(гараж)*
7. Возьмите, пожалуйста, книгу со ____________________! *(стул)*
8. Вы говорите по-русски с ____________________? *(учитель)*
9. Стол стоит между ____________________. *(дверь и окно)*
10. Карта России висит на ____________________. *(стена)*
11. Мы говорим о ____________________. *(машина)*
12. Кто работает с ____________________? (вы)
13. Госпожа Краснова из ____________________. *(Киев)*
14. Ваша школа находится на ____________________? *(площадь)*
15. Положите газету в ____________________! *(ящик)*
16. Машина стоит перед ____________________. *(больница)*
17. Я живу около ____________________. *(университет)*
18. Мы работаем в ____________________. *(центр)*
19. Завод находится за ____________________. *(город)*
20. Я изучаю русский язык в ____________________. *(школа)*

В КОМНАТЕ

Упражнение 46

Госпожа Смирнова сидит в комнат___. Она сидит за стол___. Стол стоит между двер___ и окн___. На стол___ лежит журнал. В журнал___ фото. На фот___ большой вокзал. Перед вокзал___ стоит машина. В машин___ актёр Николаев.

Что ещё на стол___ ? Там ещё есть телефон и лампа. Телефон стоит между журнал___ и ламп___ . Госпожа Смирнова говорит по телефон___ . Она говорит с госпож___ Попов___ о премьер___ в театр___ .

Есть ли в комнат___ собака? Да! Она лежит на пол___ под стол___ .

Упражнение 47

Образец: книга

под **книгой**

над **книгой**

машина

1. над ____________________

2. за ____________________

3. на ____________________

поезд

4. на ____________________

5. перед ____________________

вы

6. перед ____________________

7. с ____________________

секретарь

8. с ____________________

молоко

9. с ____________________

10. без ____________________

вино

11. без ____________________

чашка

12. в ____________________

13. перед ____________________

учитель

14. перед ____________________

15. с ____________________

девушка

16. с ____________________

мы

17. с ____________________

18. перед ____________________

окно

19. перед ____________________

20. в ____________________

Упражнение 48

Образец: Есть ли что-нибудь на столе?

Да, ***на столе что-то есть*** .

Нет, ***на столе ничего нет*** .

1. Говорит ли кто-нибудь по телефону?

   Да, ________________.

   Нет, ________________.

2. Лежит ли что-нибудь в конверте?

   Да, ________________.

   Нет, ________________.

3. Сидит ли кто-нибудь в кресле?

   Да, ________________.

   Нет ________________.

4. Висит ли что-нибудь на стене?

   Да, ________________.

   Нет, ________________.

5. Работает ли кто-нибудь в этой комнате?

   Да, ________________.

   Нет, ________________.

6. Есть ли что-нибудь по телевизору?

   Да, ________________.

   Нет, ________________.

Упражнение 49

Напишите антонимы.

Образец: большой - ***маленький***

1. длинный ______________________
2. широкий ______________________
3. он ______________________
4. перед ______________________
5. правильно ______________________
6. чёрный ______________________
7. на ______________________
8. да ______________________
9. здесь ______________________
10. ничего ______________________
11. девочка ______________________
12. открывать ______________________
13. без ______________________
14. куда? ______________________
15. на севере ______________________
16. кто-то ______________________
17. мужчина ______________________
18. Дайте...! ______________________

Глава 8

У ВАС ЕСТЬ АНГЛИЙСКИЕ ГАЗЕТЫ?

Юрий: Скажите, пожалуйста, у вас есть английские газеты?

Киоскёр: Извините, но английских газет у меня нет.

Юрий: А какие у вас есть?

Киоскёр: Есть российские, американские, немецкие и французские.

Юрий: Дайте, пожалуйста, американскую газету “ Нью-Йорк Таймс”.

Киоскёр: Пожалуйста. Что-нибудь ещё?

Юрий: Да! Ещё дайте три конверта и газету “ Коммерсант”.

Киоскёр: Пожалуйста.

Кто?		У кого?
я	⇨	у меня
вы		у вас
он		у него
она		у неё
мы		у нас
они		у них

Упражнение 50

Образец: У меня нет машины.
У меня нет паспорта. */паспорт/*
/вы/ *У вас нет паспорта.*

1. /вы/ ***У вас нет...*** ________ /акцент/
2. /учитель/ ***У*** ________ /акцент/
3. /учитель/ ________ /галстук/
4. /я/ ________ /галстук/
5. /я/ ________ /карандаш/
6. /девочка/ ________ /карандаш/
7. /девочка/ ________ /журнал/
8. /Павел/ ________ /журнал/
9. /Павел/ ________ /сумка/
10. /мы/ ________ /сумка/
11. /мы/ ________ /билеты/
12. /продавец/ ________ /билеты/
13. /продавец/ ________ /дети/
14. /секретарь/ ________ /дети/
15. /секретарь/ ________ /письмо/

У НЕГО ИСПАНСКИЙ ПАСПОРТ

Вот господин Гарсия. Он в аэропорту в Москве. В правой руке у него паспорт. Господин Гарсия испанец. Он из Мадрида. У него испанский паспорт. Господин Гарсия гражданин Испании, но он живёт и работает в Москве. Он преподаёт испанский язык и литературу в Московском университете. В России господин Гарсия иностранец, но он очень хорошо говорит по-русски. Он говорит как русский, совсем без акцента.

Упражнение 51

Образец: Господин Дюваль — француз.

а. ***Он из Франции***.

б. ***Он говорит по-французски***.

в. ***У него французский паспорт***.

1. Эти люди — итальянцы.
   а. Они из ______
   б. ______
   в. ______

2. Госпожа Шмидт — немка.
   а. ______
   б. ______
   в. ______

3. Я — русский.
   а. ______
   б. ______
   в. ______

4. Господин Танака — японец.
   а. ______
   б. ______
   в. ______

5. Вы — поляк.
   а. ______
   б. ______
   в. ______

6. Они — болгары.
   а. ______
   б. ______
   в. ______

7. Эти женщины — англичанки.
   а. ______
   б. ______
   в. ______

8. Мы — испанцы.
   а. ______
   б. ______
   в. ______

9. Этот турист — американец.
   а. ______
   б. ______
   в. ______

10. Господин Абдуллаев — казах.
    а. ______
    б. ______
    в. ______

ЕСТЬ ЛИ ЧТО-НИБУДЬ НА СТОЛЕ?

Что на этой картинке? На картинке стол и стул. Есть ли что-нибудь на столе? Да. конечно! На столе стоят две большие коробки. Это одинаковые коробки? Нет, они разные. В одной коробке шоколадные конфеты, много конфет. В другой ничего нет. На столе ещё есть пачка крекеров, пакет карамели и пачка салфеток. Где лежит пачка салфеток? Она лежит около коробки конфет.

Это всё? Нет! Что ещё есть на столе? На столе ещё лежат два яблока, две конфеты и несколько карандашей. Сколько карандашей на столе? Сосчитайте! Один, два, три. На столе лежат три карандаша. Есть ли на столе стаканы? Нет, стаканов на столе нет.

Есть ли в этой комнате стул? Да, вот он! А где стоит этот стул. Он стоит перед столом. Сидит ли кто-нибудь на этом стуле? Нет, на стуле никто не сидит. На стуле что-то лежит. Что там лежит? Там лежат блокнот, коробка карандашей и ручки. Все карандаши лежат в коробке.? Нет, один не в коробке, а на стуле. Сколько ручек на стуле? Три? Четыре? Нет, на стуле лежат две ручки.

*У меня нет ни сигарет,
ни сигар, ни водки...*

СКОЛЬКО ЕСТЬ?

один (одна, одно)...	*два (две) три, четыре...*	*пять, шесть, семь...*
журнал	журнала	журналов
бумажник	бумажника	бумажников
пакет	пакета	пакетов
стакан	стакана	стаканов
газета	газеты	газет
комната	комнаты	комнат
машина	машины	машин
карта	карты	карт
кафе	кафе	кафе
такси	такси	такси
окно	окна	окон
слово	слова	слов

Упражнение 52

Образец: Вот одна книга.

У меня две ***книги***.

У вас много ***книг***.

1. На столе один журнал.

   На стуле три ________________.

   На полу нет ________________.

2. У вас в комнате одно окно.

   У меня два ________________.

   В фирме много ________________.

3. На этой улице один ресторан.

   На той улице четыре________________.

   На вашей улице нет ________________.

4. Вот наша квартира.

   В этом доме много ________________.

   В том доме три ________________.

5. У вас один телефон.

   У меня два ________________.

   В офисе несколько ________________.

6. Около окна стоит одна лампа.

   Около стены стоят две ________________.

   Около двери нет ________________.

ВЫ ТОЖЕ РАБОТАЕТЕ ЗДЕСЬ?

Ольга: Здравствуйте! Вы тоже работаете здесь?

Лена: Да, но не на этом этаже. Я секретарь господина Петрова.

Ольга: Я – Ольга Краснова.

Лена: Очень приятно, Ольга! А я – Лена. Скажите, Ольга, у кого вы работаете?

Ольга: Я работаю у менеджера Леоновой.

Лена: О, как интересно! Она хороший человек?

Ольга: Да, очень хороший. С ней очень приятно работать.

Лена: Скажите, Ольга, вы знаете, где находится кабинет Степанова? У меня для него письмо.

Ольга: Он работает на этом этаже. Его кабинет напротив.

Лена: Спасибо. Пока!

Ольга: Пока!

Упражнение 53

1. На странице 92 текст или диалог?

2. Как называется этот диалог?

3. Две девушки разговаривают на улице?

4. Кто они по профессии?

5. Знаете ли вы, как фамилия Лены?

6. Она секретарь господина Петрова?

7. Она сидит в кабинете господина Петрова?

8. А у кого работает Лена?

9. Знает ли Ольга, где кабинет Степанова?

10. А Лена знает?

11. Где находится его кабинет?

12. Для кого у Ольги есть письмо?

Упражнение 54

Образец: У меня три ручки, а у вас две.

а. У меня ***больше ручек, чем у вас***.

б. У вас ***меньше ручек, чем у меня***.

1. В журнале 50 страниц, а в книге 240.

   а. В журнале ________________.

   б. В книге ________________.

2. В этом доме пять окон, а в том здании сто.

   а. В этом доме ________________.

   б. В том здании ________________.

3. У госпожи Смирновой шесть детей, а у госпожи Красновой пять.

   а. У госпожи Смирновой ________________.

   б. У госпожи Красновой ________________.

4. В моей группе шесть студентов, а в вашей - два.

   а. В моей группе ________________.

   б. В вашей группе ________________.

5. В кафе пять официантов, а в ресторане двадцать.

   а. В кафе ________________.

   б. В ресторане ________________.

6. На стуле одна рубашка, а в чемодане десять.

   а. На стуле ________________.

   б. В чемодане ________________.

Глава 9

ЭТО И ЕСТЬ МЕТОД БЕРЛИЦ

Госпожа Морган сидит в кабинете директора школы **Берлиц**. Она англичанка из Лондона и изучает русский язык в этой школе. Директор школы и госпожа Морган говорят о методе школы **Берлиц**.

Г-жа Морган:	Не понимаю.
Директор:	Не понимаете? Чего?
Г-жа Морган:	Не понимаю этого метода. У меня есть книга, но в моём классе русского языка мы не так часто читаем. Мы изучаем алфавит, но редко пишем.
Директор:	Конечно!

Г-жа Морган: Не понимаю... В классе мы не говорим по-английски. Ни слова.

Директор: Но, госпожа Морган, какой язык вы здесь изучаете, английский или русский?

Г-жа Морган: Конечно, русский!

Директор: И в классе вы говорите по-русски…

Г-жа Морган: Да, но…

Директор: И вы говорите очень хорошо! Не правда ли?

Г-жа Морган: Да, но я редко пишу в классе. В книге много упражнений, но мы пишем их не в школе, а дома.

Директор: Вы делаете дома эти упражнения?

Г-жа Морган: Да, конечно!

Директор: Вы делаете их правильно?

Г-жа Морган: Да, но…

Директор: Вы пишете всё в книге?

Г-жа Морган: Да!

Директор: Так что же вам непонятно?[1] В классе вы говорите. И говорите очень хорошо. Дома вы читаете и пишете упражнения.

Г-жа Морган: А! Теперь[2] понимаю. Это и есть метод **Берлиц**?

Директор: Да, госпожа Морган. Это и есть метод **Берлиц**.

[1] вам непонятно = вы не понимаете

[2] теперь = сейчас

Упражнение 55

1. В чьём кабинете сидит госпожа Морган?

2. Как называется эта школа?

3. Кто госпожа Морган по национальности?

4. Какой язык она изучает?

5. О чём разговаривает госпожа Морган с директором школы?

6. Что ученик школы **Берлиц** делает в классе?

7. На каком языке госпожа Морган говорит в школе?

8. Хорошо ли она говорит по-русски?

9. Читает ли госпожа Морган книгу в школе?

10. Где она делает упражнения?

11. Правильно ли она их делает?

12. Понимает ли сейчас госпожа Морган метод **Берлиц**?

СЕМЬЯ КОМАРОВЫХ

Сколько человек вы видите на этой картинке? На картинке пять человек. Это семья Комаровых: Михаил Комаров, его жена Мария и их дети - Костя, Лариса и Вера. Где находится семья Комаровых? На улице? Нет. В кафе? Тоже нет. Вся семья дома.

Посмотрите! Костя, сын, сидит на полу. Он читает книгу. Маленькую дочь Комарова зовут Вера. Она сидит за Костей, на стуле за столиком. Перед ней на столике лежит небольшая книга. В книге красивые картинки. Костя и Вера - брат и сестра. У них есть ещё сестра Лариса.

А что Лариса сейчас делает? Тоже читает? Пишет? Нет, Лариса не пишет и не читает. Она стоит у стола и говорит по телефону. Я думаю, что она говорит по телефону со своей подругой.

А Михаил Комаров? Что он делает? Он сидит в кресле, а его жена Мария стоит около него. У неё в руке чашка кофе. У Комаровых есть ещё и собака. Их собаку зовут Друг. Вы видите, где она? Да, она сидит под столом.

Упражнение 56

1. Сколько человек в семье Комаровых?

2. Все ли Комаровы сейчас дома?

3. Знаете ли вы, как зовут жену Комарова?

4. Сколько у Комаровых детей?

5. Как их зовут?

6. Что делает Костя?

7. Есть ли у Комаровых собака?

8. Где она сидит, на улице или в комнате?

	читать	*писать*	*видеть*	*знать*	*понимать*
я	читаю	пишу	вижу	знаю	понимаю
вы	читаете	пишете	видите	знаете	понимаете
он	читает	пишет	видит	знает	понимает
мы	читаем	пишем	видим	знаем	понимаем

СЕМЬЯ ПОПОВЫХ СЕЙЧАС ДОМА

Это семья Поповых.
Отец — Сергей Иванович.
Мать — Вера Петровна и
их дети — Андрей и Лена.
Семья Поповых сейчас дома.

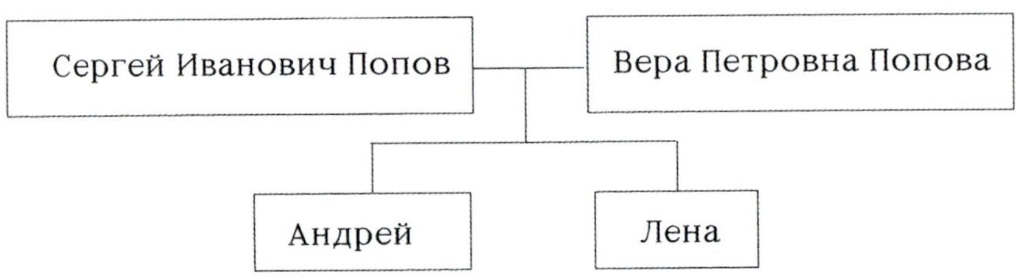

Упражнение 57

Образец: Сергей Иванович — ***муж*** Веры Петровны.
Андрей — ***сын*** Поповых.

1. Вера Петровна — ________________ Сергея Ивановича.
2. Лена — ________________ Андрея.
3. Сергей Иванович — ________________ Андрея и Лены.
4. Андрей и Лена — ________________ Поповых.
5. Вера Петровна — ________________ Андрея и Лены.
6. Сергей Иванович и Вера Петровна — ________________ Андрея и Лены.
7. Андрей — ________________ Поповых.
8. Лена — ________________ Поповых.

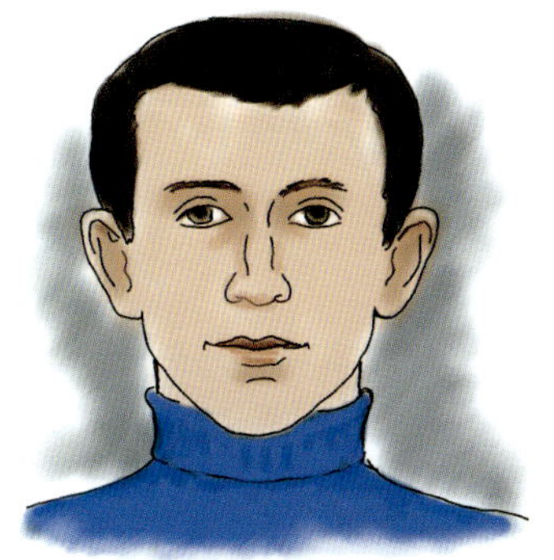

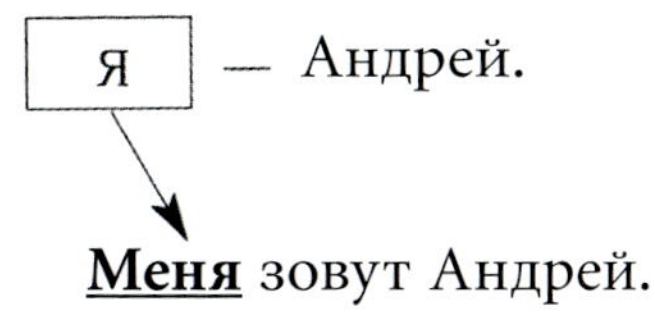

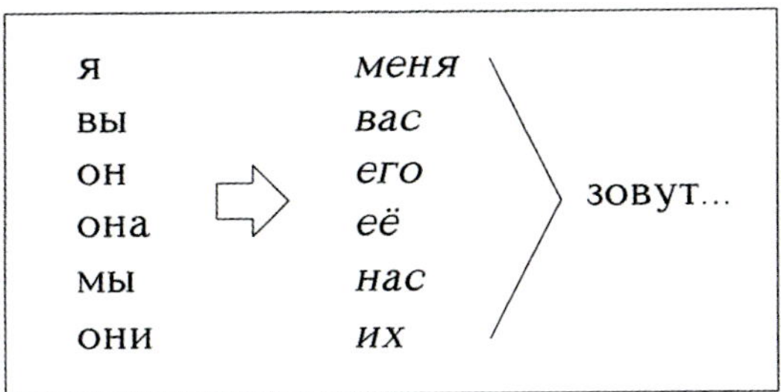

Упражнение 58

Образец: Кто вы? Какой ***ваш*** адрес? Как ***вас*** зовут?

1. Кто ________? Какой мой адрес? Как ________ зовут?
2. Кто она? Какой ________ адрес? Как ________ зовут?
3. Кто ________? Какой ________ адрес? Как его зовут?
4. Кто ________? Какой наш адрес? Как ________ зовут?
5. Кто они? Какой ________ адрес? Как ________ зовут?

ГДЕ КОМСОМОЛЬСКАЯ ПЛОЩАДЬ?

Турист: Скажите, пожалуйста, где Комсомольская площадь?

Москвич: Она там. Вы видите высокое здание?

Турист: Какое? С большими дверями? Красное?

Москвич: Нет. То, которое около него, серое.

Турист: Да, вижу. Оно на Комсомольской площади?

Москвич: Нет, Комсомольская площадь находится за ним.

Турист: Спасибо. А вокзал на этой площади?

Москвич: Вокзал? На Комсомольской площади три вокзала.

Турист: Три? Как интересно! А Ленинградский вокзал тоже там?

Москвич: Да, Ленинградский вокзал на Комсомольской площади. Это большое жёлтое здание.

Турист: Спасибо.

Москвич: Пожалуйста.

Упражнение 59

1. Эти два человека на улице или в поезде?

2. Как называется площадь, на которой есть вокзалы?

3. Серое здание перед площадью или за ней?

4. Какого цвета здание с большими дверями?

5. На Комсомольской площади пять вокзалов?

6. Там больше или меньше, чем пять вокзалов?

7. Сколько там вокзалов?

8. Ленинградский вокзал находится в белом здании?

9. В каком он здании?

10. Знаем ли мы названия других вокзалов?

ЧТО/КОГО ВЫ ВИДИТЕ?

Вот телефон.
Я вижу телефон.

А вот директор.
Я вижу директор**а**.

Вот...	*Я вижу...*	*Я **не** вижу...*
карандаш	карандаш	карандаш**а**
стол	стол	стола
стул	стул	стула
господин	господина	господина
человек	человека	человека
мальчик	мальчика	мальчика

Вот...	*Я вижу...*	*Я **не** вижу...*
книга	книг**у**	книг**и**
бумага	бумагу	бумаги
машина	машину	машин**ы**
госпожа	госпожу	госпожи
девочка	девочку	девочки
женщина	женщину	женщин**ы**

Вот...	*Я вижу...*	*Я **не** вижу...*
окно	окно	окн**а**
платье	платье	плать**я**
здание	здание	здания

Упражнение 60

Образец: /эта женщина/

Я знаю **<u>эту женщину</u>**.

Я не знаю **<u>её</u>**.

1. */эта тетрадь/*

   Мы видим __________________.

   Мы не видим __________________.

2. */ это слово/*

   Ученик понимает __________________.

   Ученик не понимает __________________.

3. */ господин Исаев/*

   Я знаю __________________.

   Я не знаю __________________.

4. */это упражнение /*

   Девочка понимает __________________.

   Девочка не понимает __________________.

5. /этот город/

   Вы знаете ________________ .

   Вы не знаете______________ .

6. */эта девочка/*

   Я вижу __________________.

   Я не вижу __________________.

РУССКИЕ БУКВЫ И СЛОВА

а б в г д е ё ж з и й к л м н о п р с т у ф х ц ч ш щ ъ ы ь э ю я
А Б В Г Д Е Ё Ж З И Й К Л М Н О П Р С Т У Ф Х Ц Ч Ш Щ Ъ Ы Ь Э Ю Я

В русском алфавите 33 буквы. Первая буква — А, последняя — Я. В латинском алфавите только 26 букв. Латинский алфавит начинается с буквы А и кончается буквой Z. В латинском алфавите меньше букв, чем в русском.

Я — это и буква и слово. А что такое *книга?* Это буква или слово? *Книга* — это слово. Это русское слово. *Book* — тоже слово, но это не русское, а английское слово. Что значит английское слово *book*? Оно значит — *книга*. *Страница* тоже русское слово. Сколько букв в этом слове? В слове *страница* восемь букв. Как пишется слово *страница*? Слово *страница* пишется: с-т-р-а-н-и-ц-а.

Как называется буква, которая стоит между буквами *н* и *к* в слове *маленький*? Она называется *мягкий знак*. Слово *большой* тоже пишется с мягким знаком. Мягкий знак никогда не пишется в начале слова. Твердый знак ъ тоже не пишется в начале слова. Не пишется в начале слова и буква *ы*.

Знаете ли вы, что такое *Берлиц*? Это название нашей школы. А как пишется слово *Берлиц*, с большой или с маленькой буквы? Конечно, с большой. Это название школы. В русском языке имена людей, названия улиц, школ и т.д. пишутся с большой буквы.

Прочтите, пожалуйста, эти слова: *работа, работать*. Какая разница между этими словами? Слово *работа* — имя существительное, а слово *работать* — глагол. Слово *большой* — не существительное и не глагол. Это имя прилагательное.

Он живёт в Москве. Что это такое? Буква? Слово? Нет, это не буква и не слово. Это предложение. Это короткое предложение. В нём только четыре слова.

Упражнение 61

1. Сколько букв в русском алфавите?

2. В каком алфавите больше букв — в русском или в латинском?

3. С какой буквы мы пишем имена людей?

4. Что такое *окно*, слово или буква?

5. Сколько одинаковых букв в этом слове?

6. Какие это буквы?

7. *Это комната.* — Что это, слово или буква?

8. А что это такое?

9. Сколько слов в этом предложении?

10. А в предложении: В этой комнате одна большая дверь?

11. Какое слово последнее в этом предложении?

12. Как называется последняя буква в слове *дверь*?

Упражнение 62

Образец: Какая это глава? *(9)*

Это девятая глава.

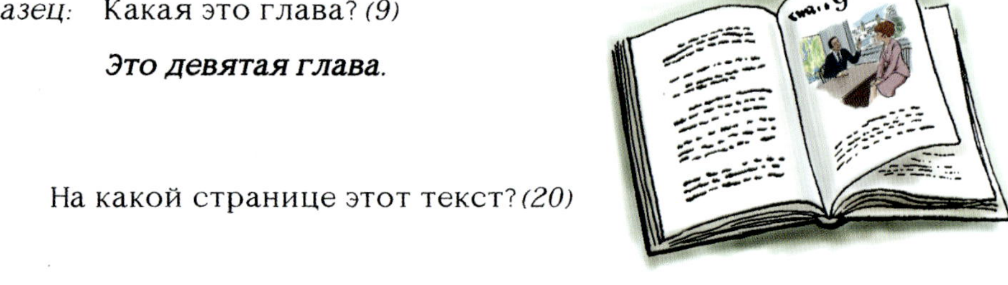

1. На какой странице этот текст? *(20)*

2. На каком этаже работает Николай? *(11)*

3. Какое упражнение мы делаем? *(62)*

4. В какой квартире живёт Мария? *(16)*

5. Какая буква "б" по счёту в алфавите? *(2)*

6. На какой странице кончается этот текст? *(21)*

7. Какое предложение вы сейчас пишете? *(7)*

8. В какой комнате есть телефон? *(1)*

Глава 10

СКОЛЬКО СТОИТ?

Посмотрите! Что на этой картинке? Видит ли вы там бутылки? Какие бутылки стоят там? На столе стоят три бутылки - бутылка вина, водки и пива. Вино в большой бутылке. Бутылка водки тоже большая, но не такая большая, как бутылка вина. Бутылка пива не большая, а маленькая. Она намного меньше, чем бутылка водки или бутылка вина. Бутылка пива самая маленькая.

Сколько стоит бутылка вина? Она стоит пятьсот рублей. Это очень дорогое вино! Это бутылка французского вина. А сколько стоит бутылка водки? Она стоит больше или меньше, чем вино? Она стоит намного меньше. Эта бутылка водки дорогая, но не такая дорогая, как вино. Она стоит семьдесят рублей. Это бутылка русской водки.

А пиво? Сколько оно стоит? Эта бутылка пива стоит намного меньше, чем водка. Она стоит только сорок рублей. Это бутылка немецкого пива. В России немецкое пиво дороже, чем русское пиво. Немецкое пиво очень хорошее. Говорят, что оно самое хорошее в мире. Я не знаю. А как вы думаете?

Сосчитайте, пожалуйста, сколько стоят эти три бутылки вместе..

	рубль	доллар	евро	копейка
2, 3, 4	рубля	доллара	евро	копейки
5, 6	рублей	долларов	евро	копеек

Упражнение 63

1. Сколько бутылок вы видите?

2. Где стоят эти бутылки?

3. Какая бутылка больше, бутылка вина или пива?

4. Какая бутылка самая маленькая?

5. Бутылка пива дороже или дешевле, чем бутылка вина?

6. Сколько сто́ит эта бутылка пива?

7. Какое пиво в этой бутылке?

8. Бутылка вина сто́ит больше или меньше, чем бутылка водки?

9. Это вино дорогое, не так ли?

10. Какое вино в этой бутылке?

11. Какая водка в бутылке?

12. Сколько сто́ит эта бутылка водки?

В МАГАЗИНЕ

Вера:	У вас есть белые блузки?
Продавец:	Да, конечно.
Вера:	Сколько стоит эта белая?
Продавец:	Все белые стоят 300 рублей.
Вера:	О! Это очень дорого. А что-то дешевле?
Продавец:	Белых нет. Хотите синюю? Она стоит только 200 рублей.
Вера:	А сколько стоит та красная?
Продавец:	Ещё дешевле – 150 рублей.
Вера:	Она очень красивая. Я беру её.

ДОРОЖЕ ИЛИ ДЕШЕВЛЕ?

Эта блузка **дорогая.**

Та блузка **дешевле.**

А та блузка — **самая дорогая** в магазине.

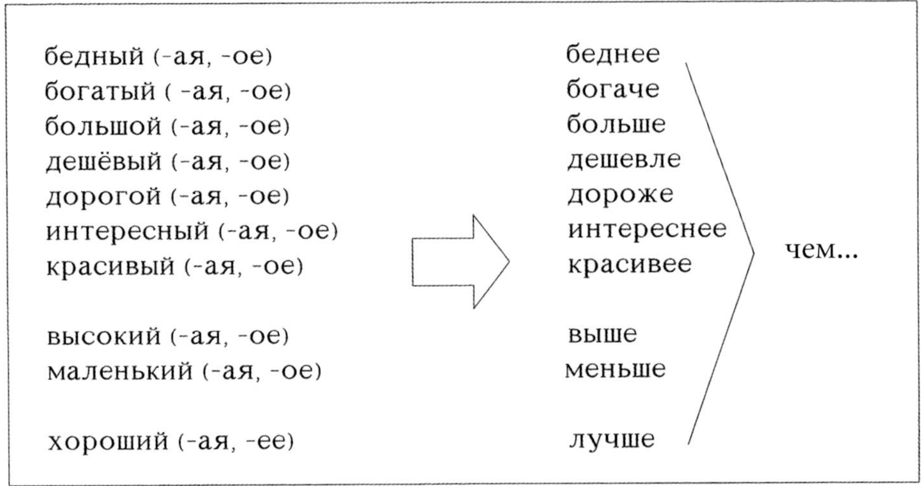

самый большой / маленький
самая большая / маленькая
самое большое / маленькое

Упражнение 64

Образец: Наша школа ***больше***, чем ваша. */большая/*

Роллс-Ройс ***самая дорогая*** машина в мире. */дорогая/*

1. Это комната ____________________, чем та. */большая/*
2. Какое здание ____________________ на этой улице? */высокое/*
3. Волга ____________________, чем Нева */длинная/*
4. Ваша статья ____________________, чем его. */хорошая/*
5. Москва ____________________ город в России. */большой/*
6. Какой текст ____________________ в этой книге? */интересный/*

Упражнение 65

Образец: Журнал лежит на этом столе.

Журналы лежат на этих столах.

1. Секретарь работает в той комнате.

2. Мальчик рассказывает о своём друге.

3. Ученик сидит на жёлтом стуле.

4. Журналист пишет о французской актрисе.

5. Лампа стоит на маленьком столике.

6. Учитель говорит о большом городе.

7. Памятник стоит на другой площади.

8. Рабочий живёт в высоком здании.

НАПИШИТЕ ГЛАГОЛЫ!

Упражнение 66

я	думаю				
вы		читаете			
он			живёт		
мы				изучаем	
они					лежат

я	встаю				
вы		открываете			
он			берёт		
мы				сидим	
они					пишут

Глава 11

КОГДА НАЧИНАЕТСЯ КОНЦЕРТ?

Сергей:	Скажите, пожалуйста, в котором часу начинается концерт?
Кассир:	Какой? У нас два концерта.
Сергей:	Второй, пожалуйста.
Кассир:	Второй концерт начинается ровно в восемь часов.
Сергей:	А когда кончается?
Кассир:	Около одиннадцати. Концерт продолжается три часа.
Сергей:	Так долго?! А первый?
Кассир:	Первый продолжается не так долго. Только полтора часа – с одиннадцати до половины первого.
Сергей:	Спасибо. Будьте добры, скажите, который час?
Кассир:	Половина одиннадцатого.
Сергей:	Ещё раз спасибо.
Кассир:	Пожалуйста.

	давать	*диктовать*	*отвечать*	*показывать*	*повторять*
я	даю	диктую	отвечаю	показываю	повторяю
вы	даёте	диктуете	отвечаете	показываете	повторяете
он	даёт	диктует	отвечает	показывает	повторяет
мы	даём	диктуем	отвечаем	показываем	повторяем
они	дают	диктуют	отвечают	показывают	повторяют

Упражнение 67

1. О чём разговаривают два человека?
2. Кассир говорит, что у них один концерт или два?
3. Второй концерт начинается в семь часов?
4. Когда он начинается?
5. А когда кончается?
6. Сколько продолжается второй концерт?
7. Он продолжается дольше, чем первый?
8. Какой концерт продолжается меньше, первый или второй?
9. Сколько он продолжается?
10. Сейчас десять часов?
11. Который сейчас час?
12. На чьи вопросы отвечает кассир?

КОТОРЫЙ ЧАС?

1.00 (Один) час.

2.00 Два часа.

2.05 Пять минут треть**его**.

2.15 Четверть третьего.

2.30 Половина третьего.

2.45 Без четверти три.

2.50 Без десяти три.

3.00 Три часа.

3.05 Пять минут четвёрт**ого**.

4.00 Четыре часа.

5.00 Пять час**ов**.

Упражнение 68

Который час?

1. 

2. 

3. 

4. 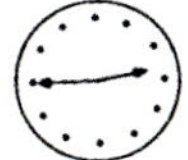

5. 

6. 

7. 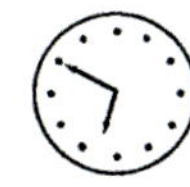

8. 

9. 

10. 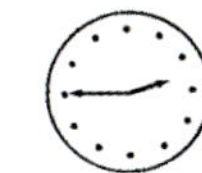

ПОКАЖИТЕ МНЕ КНИГУ, ПОЖАЛУЙСТА!

Таня: Здравствуйте, Павел!
Павел: Таня! Здравствуйте! Как дела?
Таня: Спасибо, хорошо. А у вас?
Павел: Всё в порядке.
Таня: Что это у вас, журнал?
Павел: Нет, это книга. Я беру уроки английского языка.
Таня: Да? В школе или дома?
Павел: В школе. Это моя английская книга.
Таня: Скажите, Павел, а сколько человек в вашем классе?
Павел: Только я и мой учитель.
Таня: И больше никого? Интересно! А что вы делаете на уроке?
Павел: Учитель задаёт мне вопросы, а я отвечаю, и ещё он диктует мне слова и предложения.
Таня: И всё по-английски?
Павел: Конечно, всё только по-английски.
Таня: А это не трудный метод?
Павел: По-моему, лёгкий, очень лёгкий.
Таня: Покажите мне вашу книгу, пожалуйста.
Павел: Пожалуйста. Посмотрите! В ней много интересных диалогов, текстов и упражнений. Видите, сейчас мы читаем разговор двух друзей. Правда, интересно?
Таня: Очень. Сколько продолжается ваш урок?
Павел: Два часа. А который час?
Таня: Без четверти шесть.
Павел: Без четверти шесть? А в шесть у меня урок. До свидания, Таня.
Таня: Всего хорошего, Павел.

Упражнение 69

1. Как называется этот диалог?

2. Это разговор между двумя женщинами?

3. Между кем этот разговор?

4. С кем разговаривает Таня?

5. Какие уроки берёт Павел?

6. Где он изучает английский язык?

7. Кто задаёт ему в классе вопросы?

8. Кому он отвечает на эти вопросы?

9. Что он пишет в классе под диктовку?

10. Что у Павла в руке?

11. Что он сейчас читает в этой книге?

12. Сколько продолжается его урок?

КОМУ ДИРЕКТОР ДАЁТ ПИСЬМО?

Он/Она		Они	
Кто?	*Кому?*	*Кто?*	*Кому?*
директор	директор**у**	директора	директор**ам**
врач	врачу	врачи	врачам
учитель	учител**ю**	учителя	учител**ям**
актриса	актрис**е**	актрисы	актрис**ам**
девочка	девочке	девочки	девочкам
официантка	официантке	официантки	официанткам

Кто?	*Кому?*
я	мне
вы	вам
он	ему
она	ей
мы	нам
они	им

Упражнение 70

А. Образец: Я пишу письмо другу. (друг)

1. Учитель задаёт вопросы __________. (ученица)

2. Госпожа Комарова даёт молоко _____________. (дочка)

3. Я говорю "Спасибо!" ____________. (врач)

4. Дайте ваш адрес __________________. (профессор)

5. Директор диктует письма ______________. (секретарь)

Б. Образец: Дайте мне этот журнал. (я)

1. Кто показывает ______ видеофильмы. (вы)

2. Пётр рассказывает _____ о концерте. (мы)

3. Я задаю _____ вопрос. (он)

4. Коллега говорит _____ "Доброе утро!" (она)

5. Вы преподаёте _____ русский язык. (они)

В. Образец: Девушка показывает новую квартиру подругам. (подруги)

1. Мать читает книгу ____________. (дети)

2. Он рассказывает о проекте _______________. (коллеги)

3. Вы пишете письма ________________? (родители)

4. Официант даёт меню _______________. (гости)

5. Гид показывает город _______________. (туристы)

Упражнение 71

Образец: Директор занятой человек?

Да, он очень ***занят***.

1. Вы читаете интересную статью?

   Да, эта статья очень ____________________.

2. Господин Дюваль богатый человек?

   Я думаю, что он ____________________.

3. Ольга красивая девушка?

   Да, она очень ____________________.

4. Михаил Комаров женатый человек?

   Да, он ____________________.

5. В этом коридоре есть свободные комнаты?

   По-моему, комната номер шесть ____________________.

6. Это дорогой костюм?

   Для меня он ____________________.

7. Это красивые открытки?

   Да, они очень ____________________.

8. На картинке бедные люди?

   Да, я вижу, что они очень ____________________.

Глава 12

УТРО В ФИРМЕ

Михаил Комаров - директор фирмы. Он очень занятой человек. Михаил выходит из дома ровно в восемь часов утра и приходит на работу в половине девятого. Его офис находится в большом здании в центре Москвы.

В половине девятого он подходит к большой двери на первом этаже, вынимает из кармана ключи, открывает дверь и входит. В это время в фирме ещё никого нет. Директор приходит на работу первым.

На столе в приёмной Михаил видит много писем. Он берёт эти письма, входит в свой кабинет и кладёт их на стол. Он открывает одно письмо за другим и начинает их читать.

Очень скоро приходит его секретарь Таня. Обычно она тоже приходит на работу рано. “Доброе утро!” - говорит она директору. Он отвечает ей: “Доброе утро!” - и спрашивает: “Как дела?”

Директор показывает Тане письма, которые лежат на столе. Она берёт со своего стола диктофон и входит с ним в офис директора. Он диктует ответы на письма. Потом Таня садится за свой компьютер и печатает эти ответы. Так начинается рабочий день в фирме.

Упражнение 72

1. Как зовут директора фирмы (имя, отчество и фамилия)?
2. В котором часу он выходит из дома?
3. Он приходит на работу в девять или в половине девятого?
4. Есть ли кто-нибудь в фирме в половине девятого?
5. Кто приходит в офис первым, директор или секретарь?
6. Кто приходит на работу после директора?
7. Что она говорит директору?
8. Что директор показывает секретарю?
9. Что Таня берёт со своего стола?
10. Куда она входит с диктофоном в руке?
11. Что директор диктует ей?
12. Что она потом делает?

Который сейчас час?
– Сейчас два часа.

Когда приходит поезд?
– Он приходит в два часа.

Упражнение 73

Образец: В котором часу он приходит на работу? (9:00)
Он приходит на работу в девять часов.

1. В котором часу у вас обед? *(3.00)*

2. В котором часу Таня выходит из дома? *(8.15)*

3. В котором часу начинается ваш урок? *(6.00)*

4. В котором часу вы приходите на работу? *(8.45)*

5. В котором часу учитель входит в школу? *(5.50)*

6. В котором часу вы едете домой? *(9.30)*

7. В котором часу директор читает письма? *(9.20)*

8. В котором часу начинается концерт? *(8.00)*

Вот большой дом.

Человек идёт *к большому* дому.

Кто? Что?		Куда?	Кто? Что?		Куда?
стол		**к** столу	ресторан		**в** ресторан
брат		**к** брату	магазин		**в** магазин
друг		**к** другу	вокзал		**на** вокзал
стена		**к** стене	школа		**в** школу
сестра	⇨	**к** сестре	фирма	⇨	**в** фирму
подруга		**к** подруге	работа		**на** работу
окно		**к** окну	кино		**в** кино
море		**к** морю	здание		**в** здание

большой		большому			
маленький		маленькому			
мой		моему			
большая		большой	большие		большим
маленькая	⇨	маленькой	маленькие	⇨	маленьким
моя		моей	мои		моим
большое		большому			
маленькое		маленькому			
моё		моему			

Упражнение 74

Образец: Вечером я иду <u>в театр</u>. (театр)
В пять часов Мария идёт <u>к врачу</u>. (врач)

1. Сегодня мы идём ____________. (ресторан)
   Завтра мы идём ______________. (друг)

2. Этот поезд идёт ______________. (Москва)
   Тот поезд идёт _______________. (море)

3. Кто сейчас идёт ______________? (кафе)
   Кто сейчас идёт ______________? (босс)

4. Утром дети идут ______________. (школа)
   Ровно в восемь часов они подходят _______________. (школа)

5. Официант идёт _____________. (работа)
   Официант подходит ______________. (клиент)

6. После работы Таня идёт ______________. (дом)
   Сейчас она подходит _______________. (дом)

7. Учитель входит ______________. (класс)
   Учитель подходит______________. (ученики)

8. Приходите ______________ на концерт. (клуб)
   Приходите _____________ в гости. (мы)

Упражнение 75

Образец: Мой стол стоит около *большого окна*.
Я иду к *большому окну*.

1. Из окна офиса я вижу высокое здание.
   Люди идут к ______________ .

2. Девушка говорит по телефону с молодым человеком.
   Она пишет электронное письмо ______________.

3. В журнале есть статья о нашей школе.
   Какой автобус идёт к ______________ ?

4. Я вижу маленьких детей на картинке.
   Покажите эту картинку______________.

5. На стене висит большая карта.
   Подойдите, пожалуйста, к ______________ !

6. В коридоре стоит копировальная машина.
   Коллега идёт к ______________.

7. Учитель говорит со своими учениками.
   Он рассказывает ______________ о Москве.

8. На столе лежит сувенир для французского журналиста.
   Скажите об этой программе ______________.

Упражнение 76

ЧТО ДЕЛАЕТ УЧИТЕЛЬ?

а. Учитель выходит из дома в восемь часов утра.

б. Он закрывает за собой дверь.

в. Он идёт к автобусу.

г. Он едет на автобусе на работу.

д. Он приходит в школу в половине девятого.

е. Он подходит к двери школы.

ж. Он открывает дверь и входит в школу.

1. А сейчас вы — учитель! Что вы делаете?

а. *Я выхожу* ______________________

б. ______________________

в. ______________________

г. ______________________

д. ______________________

е. ______________________

ж. ______________________

2. А сейчас я — учитель. Что я делаю?

а. *Вы* ____________________

б. ____________________

в. ____________________

г. ____________________

д. ____________________

е. ____________________

ж ____________________

3. Они — учителя. Что они делают?

а. *Они* ____________________

б. ____________________

в. ____________________

г. ____________________

д. ____________________

е. ____________________

ж. ____________________

	идти	*входить*	*подходить*	*ехать*	*лететь*
я	иду	вхожу	подхожу	еду	лечу
вы	идёте	входите	подходите	едете	летите
он	идёт	входит	подходит	едет	летит
мы	идём	входим	подходим	едем	летим
они	идут	входят	подходят	едут	летят

Упражнение 77

Образец: *приходить/уходить*

Мы ***приходим*** на работу утром,

а ***уходим*** с работы вечером.

1. *начинаться/продолжаться*

   Концерт ______________ в восемь часов вечера и ______________ полтора часа.

2. *задавать/отвечать*

   Учитель ______________вопросы, а ученики ______________ на них.

3. *жить/находиться*

   Мы ______________ в большом доме.

   Наш дом ______________ на улице Свободы.

4. *входить/говорить*

   Профессор ______________ в зал в девять часов утра и ______________всем: "Здравствуйте!"

5. *открывать/закрывать*

   Продавец ______________ магазин в десять часов утра и ______________ в семь часов вечера.

СКОЛЬКО КИЛОМЕТРОВ?

	Берлин	Каир	Лондон	Париж	Рим	Сидней	Токио	
Москва	1606	2885	2488	2470	2358	14419	7435	км

Упражнение 78

1. Москва далеко от Сиднея или близко?

2. Сколько километров от Москвы до Сиднея?

3. Какой город ближе к Москве, Рим или Каир?

4. Москва ближе к Парижу или к Берлину?

5. Какой город ближе всего к Москве?

6. Какой город дальше всего от Москвы?

7. Сидней ближе к Москве, чем Токио, или дальше?

8. Какие города ближе к Москве, чем Лондон?

Глава 13

ЖУРНАЛЫ ДЛЯ БАБУШКИ

Ольга: Привет, Таня!

Таня: Привет! Рада тебя видеть.

Ольга: Куда ты идёшь?

Таня: К бабушке. Я несу ей несколько книг и журналов.

Ольга: Это мама твоей мамы?

Таня: Нет, моего отца.

Ольга: Ты едешь к ней на метро?

Таня: Нет, бабушка живёт недалеко отсюда, на улице Чехова.

Ольга: Какие журналы ты несёшь ей?

Таня: “Крестьянка”, “Работница”, “ Иностранная литература”. Ей очень нравится читать рассказы в этих журналах.

Ольга: Ты знаешь, что в последнем номере журнала “Иностранная литература” есть очень хороший рассказ болгарского писателя? У тебя есть этот номер?

Таня: Сейчас, минуточку. А, вот он. Покажи мне, где этот рассказ?

Ольга: Дай, пожалуйста, журнал. Вот, видишь? Начинается здесь, на одиннадцатой странице.

Таня: А о чём этот рассказ?

Ольга: Писатель рассказывает о работе врача в маленькой болгарской деревне в горах.

Таня: Прекрасно! Бабушке очень нравятся рассказы о работе врачей. Ты не знаешь, который сейчас час?

Ольга: Думаю, около четырёх.

Таня: Около четырёх! Я бегу. До свидания!

Ольга: Пока!

Упражнение 79

Образец: Отец моего отца – ***мой дедушка***.

1. Мать моей матери — ____________.

2. Дочь моих родителей — ____________.

3. Брат моей матери — ____________.

4. Сестра моего отца — ____________.

5. Дочь моего сына — ____________.

6. Родители моего брата — ____________.

7. Жена моего отца — ____________.

8. Брат моей сестры — ____________.

9. Сын моей дочери — ____________.

10. Отец моих детей — ____________.

ПАДЕЖИ

1. *именительный падеж (им.п.)*
2. *родительный падеж (род.п.)*
3. *дательный падеж (дат.п.)*
4. *винительный падеж (вин.п.)*
5. *творительный падеж (тв.п.)*
6. *предложный падеж (предл. п.)*

		единственное число	*множественное число*
мужской род	1. *им.п.*	карандаш	карандаши
	2. *род.п.*	карандаша	карандашей
	3. *дат.п.*	карандашу	карандашам
	4. *вин. п.*	карандаш	карандаши
	5. *тв.п.*	карандашом	карандашами
	6. *предл. п.*	карандаше	карандашах
женский род	1. *им.п.*	книга	книги
	2. *род.п.*	книги	книг
	3. *дат.п.*	книге	книгам
	4. *вин.п.*	книгу	книги
	5. *тв.п.*	книгой	книгами
	6. *предл. п.*	книге	книгах
средний род	1. *им. п.*	окно	окна
	2. *род.п.*	окна	окон
	3. *дат.п.*	окну	окнам
	4. *вин.п.*	окно	окна
	5. *тв.п.*	окном	окнами
	6. *предл.п.*	окне	окнах

Упражнение 80

1. "Книга" — имя существительное в родительном падеже?

2. В каком падеже и числе слово "книга"?

3. Как будет слово "книга" в именительном падеже множественного числа?

4. В каком падеже слово "книгах"?.

5. В каком числе это слово?

6. Дайте слово "книги" в дательном падеже единственного числа.

7. Как будет слово "окно" в творительном падеже множественного числа?

8. Слово "карандаш"— существительное мужского или женского рода?

9. Предлог "перед" требует винительного падежа или творительного?

10. Какого падежа требует предлог "о"?

ИМЯ СУЩЕСТВИТЕЛЬНОЕ

(единственное число)

	им.п.	*род.п.*	*дат.п.*	*вин.п.*	*тв.п.*	*предл.п*
мужской род	автобус	автобуса	автобусу	автобус	автобусом	автобусе
	кабинет	кабинета	кабинету	кабинет	кабинетом	кабинете
	класс	класса	классу	класс	классом	классе
	метр	метра	метру	метр	метром	метре
	ящик	ящика	ящику	ящик	ящиком	ящике
	врач	врача	врачу	врача	врачом	враче
	друг	друга	другу	друга	другом	друге
	инженер	инженера	инженеру	инженера	инженером	инженере
	мужчина	мужчины	мужчине	мужчину	мужчиной	мужчине
	отец	отца	отцу	отца	отцом	отце
женский род	глава	главы	главе	главу	главой	главе
	деревня	деревни	деревне	деревню	деревней	деревне
	комната	комнаты	комнате	комнату	комнатой	комнате
	столица	столицы	столице	столицу	столицей	столице
	тетрадь	тетради	тетради	тетрадь	тетрадью	тетради
	актриса	актрисы	актрисе	актрису	актрисой	актрисе
	женщина	женщины	женщине	женщину	женщиной	женщине
	иностранка	иностранки	иностранке	иностранку	иностранкой	иностранке
	сестра	сестры	сестре	сестру	сестрой	сестре
	ученица	ученицы	ученице	ученицу	ученицей	ученице
средний род	здание	здания	зданию	здание	зданием	здании
	кресло	кресла	креслу	кресло	креслом	кресле
	море	моря	морю	море	морем	море
	письмо	письма	письму	письмо	письмом	письме
	слово	слова	слову	слово	словом	слове

ИМЯ СУЩЕСТВИТЕЛЬНОЕ

(множественное число)

	им.п.	*род.п.*	*дат.п.*	*вин.п.*	*тв.п.*	*предл.п*
мужской род	автобусы	автобусов	автобусам	автобусы	автобусами	автобусах
	кабинеты	кабинетов	кабинетам	кабинеты	кабинетами	кабинетах
	классы	классов	классам	классы	классами	классах
	метры	метров	метрам	метры	метрами	метрах
	ящики	ящиков	ящикам	ящики	ящиками	ящиках
	врачи	врачей	врачам	врачей	врачами	врачах
	друзья	друзей	друзьям	друзей	друзьями	друзьях
	инженеры	инженеров	инженерам	инженеров	инженерами	инженерах
	мужчины	мужчин	мужчинам	мужчин	мужчинами	мужчинах
	отцы	отцов	отцам	отцов	отцами	отцах
женский род	главы	глав	главам	главы	главами	главах
	деревни	деревень	деревням	деревни	деревнями	деревнях
	комнаты	комнат	комнатам	комнаты	комнатами	комнатах
	столицы	столиц	столицам	столицы	столицами	столицах
	тетради	тетрадей	тетрадям	тетради	тетрадями	тетрадях
	актрисы	актрис	актрисам	актрис	актрисами	актрисах
	женщины	женщин	женщинам	женщин	женщинами	женщинах
	иностранки	иностранок	иностранкам	иностранок	иностранками	иностранках
	сестры	сестёр	сестрам	сестёр	сестрами	сестрах
	ученицы	учениц	ученицам	учениц	ученицами	ученицах
средний род	здания	зданий	зданиям	здания	зданиями	зданиях
	кресла	кресел	креслам	кресла	креслами	креслах
	моря	морей	морям	моря	морями	морях
	письма	писем	письмам	письма	письмами	письмах
	слова	слов	словам	слова	словами	словах

ИМЯ ПРИЛАГАТЕЛЬНОЕ

(единственное и множественное число)

	им.п.	*род.п.*	*дат.п.*	*вин.п.*	*тв.п.*	*предл.п*
мужской род	большой	большого	большому	большой	большим	большом
	длинный	длинного	длинному	длинный	длинным	длинном
	мой	моего	моему	мой	моим	моём
	первый	первого	первому	первый	первым	первом
	свой	своего	своему	свой	своим	своём
	синий	синего	синему	синий	синим	синем
	этот	этого	этому	этот	этим	этом
женский род	большая	большой	большой	большую	большой	большой
	длинная	длинной	длинной	длинную	длинной	длинной
	моя	моей	моей	мою	моей	моей
	первая	первой	первой	первую	первой	первой
	своя	своей	своей	свою	своей	своей
	синяя	синей	синей	синюю	синей	синей
	эта	этой	этой	эту	этой	этой
средний род	большое	большого	большому	большое	большим	большом
	длинное	длинного	длинному	длинное	длинным	длинном
	моё	моего	моему	моё	моим	моём
	первое	первого	первому	первое	первым	первом
	своё	своего	своему	своё	своим	своём
	синее	синего	синему	синее	синим	синем
	это	этого	этому	это	этим	этом
мн. число	большие	больших	большим	большие	большими	больших
	длинные	длинных	длинным	длинные	длинными	длинных
	мои	моих	моим	мои	моими	моих
	первые	первых	первым	первые	первыми	первых
	свои	своих	своим	свои	своими	своих
	синие	синих	синим	синие	синими	синих
	эти	этих	этим	эти	этими	этих

Упражнение 81

Образец: (*красная машина*)

а. Человек сидит в *красной машине*.

б. Покажите на картинке *красную машину*.

в. Кто идёт к *красной машине*?

г. Стоит ли кто-нибудь перед *красной машиной*?

1. (*большой город*)
   - а. Знаете ли вы этот ______________?
   - б. Поезд подходит к ______________.
   - в. Я из этого ______________.
   - г. Мой сын живёт в ______________.

2. (*красивая площадь*)
   - а. Из окна комнаты я вижу ______________.
   - б. Памятник стоит на ______________.
   - в. Ты идёшь к ______________.
   - г. Университет находится около ______________.

3. (*Чёрное море*)
   - а. Самолёт летит к ______________.
   - б. Покажите на карте ______________.
   - в. Расскажи нам о ______________.
   - г. Какой город вы знаете на ______________?

4. (*другой магазин*)
   - а. Этот продавец из ______________.
   - б. Я даю тебе адрес ______________.
   - в. Напротив я вижу ______________.
   - г. Скажите, какой автобус идёт к ______________?

5. *(интересная статья)*
   - а. Они читают ______________.
   - б. Михаил говорит об ______________.
   - в. В этой газете нет ______________.
   - г. Это журнал с ______________.

6. (маленькие мальчики)
   - а. Я даю книги ______________.
   - б. Здесь нет ______________.
   - в. Собака бежит за ______________.
   - г. Это рассказ о ______________.

7. *(этот человек)*
   - а. Ты знаком с ______________?
   - б. Вы идёте к ______________?
   - в. У меня есть письмо от ______________.
   - г. Расскажите нам об ______________.

8. *(ваши родители)*
   - а. Как зовут ______________?
   - б. Где живут ______________?
   - в. Я еду к ______________.
   - г. Знаком ли кто-нибудь с ______________?

9. *(правая рука)*
   - а. Что у меня в ______________?
   - б. Ты пишешь ______________.
   - в. Покажите вашу ______________!
   - г. Этот человек без ______________.

Упражнение 82

Образец: Слушает ли кто-нибу́дь радио?
Да, кто-то слушает радио.
Нет, никто не слушает радио.

1. Читает ли кто-нибудь этот журнал?

   Да, ____________.

   Нет, ____________.

2. Видит ли мальчик кого-нибудь в комнате?

   Да, ____________.

   Нет, ____________.

3. Есть ли у женщины что-нибудь в руке?

   Да, ____________.

   Нет, ____________.

4. Выходит ли кто-нибудь сейчас из ресторана?

   Да, ____________.

   Нет, ____________.

5. Понимает ли Нина что-нибудь по-китайски?

   Да, ____________.

   Нет, ____________.

6. Знаете ли вы кого-нибудь в Москве?

   Да, ____________.

   Нет, ____________.

Упражнение 83

Образец: а. Книга большая, но коробка ***больше.***

б. Коробка ***больше книги***.

в. Книга ***меньше коробки***.

1. а. Вино дорогое, но коньяк ______________.
   б. Коньяк ______________.
   в. Вино ______________.

2. а. Автобус идёт быстро, но поезд
   б. Поезд ______________.
   в. Автобус ______________.

3. а. Господин Россини богатый, но господин Бертони
   б. Господин Бертони ______________.
   в. Господин Россини ______________.

4. а. Тверская улица широкая, но Гоголевский бульвар
   б. Гоголевский бульвар ______________.
   в. Тверская улица ______________.

5. а. Николай говорит по-русски хорошо, но ты
   б. Ты говоришь по-русски ______________.
   в. Николай говорит по-русски ______________.

6. а. Красный поезд длинный, но синий поезд
   б. Синий поезд ______________.
   в. Красный поезд ______________.

Упражнение 84

Напишите предлоги.

Образец: Семья Соколовых живёт ***в*** России.

Семья Соколовых живёт ______ Москве. Соколовы живут ______ красивом большом доме ______ Арбатской площади. Их квартира ______ седьмом этаже. ______ квартире Соколовых три комнаты: одна большая и две маленькие. ______ стенах ______ большой комнате много картин. ______ одним окном стоит стол, ______ другим — кресло.

Сейчас жена Соколова, Тамара Ивановна, дома. Она сидит ______ кресле ______ стола и разговаривает ______ телефону. Она разговаривает ______ учительницей своих детей. Они говорят ______ школе, ______ детях.

Юрий Петрович Соколов — врач. Он работает ______ больнице ______ проспекте Мира. А где находится школа детей Соколовых? Она находится недалеко ______ их дома, ______ улице Герцена. Улица Герцена находится ______ площадью и Моховой улицей. ______ дома ______ школы дети идут десять минут.

Упражнение 85

Напишите антонимы.

Образец: входить — ***выходить***

1. начинаться ______________________
2. трудный ______________________
3. вопрос ______________________
4. от ______________________
5. последний ______________________
6. приходить ______________________
7. богатый ______________________
8. много ______________________
9. быстро ______________________
10. ближе ______________________
11. давать ______________________
12. дешёвый ______________________
13. вечером ______________________
14. свободен ______________________
15. конец ______________________
16. правый ______________________
17. хуже ______________________
18. оттуда ______________________
19. приносить ______________________
20. меньше ______________________

Глаголы

	я	*ты*	*он/она*	*мы*	*вы*	*они*
брать	беру	берёшь	берёт	берём	берёте	берут
видеть	вижу	видишь	видит	видим	видите	видят
вставать	встаю	встаёшь	встаёт	встаём	встаёте	встают
входить	вхожу	входишь	входит	входим	входите	входят
выходить	выхожу	выходишь	выходит	выходим	выходите	выходят
говорить	говорю	говоришь	говорит	говорим	говорите	говорят
давать	даю	даёшь	даёт	даём	даёте	дают
делать	делаю	делаешь	делает	делаем	делаете	делают
диктовать	диктую	диктуешь	диктует	диктуем	диктуете	диктуют
думать	думаю	думаешь	думает	думаем	думаете	думают
ехать	еду	едешь	едет	едем	едете	едут
закрывать	закрываю	закрываешь	закрывает	закрываем	закрываете	закрывают
знать	знаю	знаешь	знает	знаем	знаете	знают
идти	иду	идёшь	идёт	идём	идёте	идут
класть	кладу	кладёшь	кладёт	кладём	кладёте	кладут
лететь	лечу	летишь	летит	летим	летите	летят
отвечать	отвечаю	отвечаешь	отвечает	отвечаем	отвечаете	отвечают
открывать	открываю	открываешь	открывает	открываем	открываете	открывают
печатать	печатаю	печатаешь	печатает	печатаем	печатаете	печатают
писать	пишу	пишешь	пишет	пишем	пишете	пишут
повторять	повторяю	повторяешь	повторяет	повторяем	повторяете	повторяют
подходить	подхожу	подходишь	подходит	подходим	подходите	подходят
показывать	показываю	показываешь	показывает	показываем	показываете	показывают
понимать	понимаю	понимаешь	понимает	понимаем	понимаете	понимают
приходить	прихожу	приходишь	приходит	приходим	приходите	приходят
работать	работаю	работаешь	работает	работаем	работаете	работают
садиться	сажусь	садишься	садится	садимся	садитесь	садятся
считать	считаю	считаешь	считает	считаем	считаете	считают
уходить	ухожу	уходишь	уходит	уходим	уходите	уходят
читать	читаю	читаешь	читает	читаем	читаете	читают

Глава 14

ГДЕ ТЫ РАБОТАЕШЬ?

Сергей: Здравствуй, Михаил!

Михаил: Сергей! Здравствуй! Как дела?

Сергей: Спасибо, всё в порядке. Скажи, куда ты идёшь?

Михаил: Домой. Я иду с работы.

Сергей: А где ты сейчас работаешь?

Михаил: В большой компании. Моя компания находится в том здании. А ты тоже здесь работаешь?

Сергей: Нет, я сейчас работаю на заводе. Мой завод находится на Красной Пресне.

Михаил: В котором часу у вас заканчивается работа?

Сергей: Мы начинаем в восемь утра и заканчиваем в половине пятого.

Михаил: У нас работа начинается в девять часов.

Сергей: А когда кончается?

Михаил: Без четверти шесть. Рабочий день продолжается восемь часов, и сорок пять минут на обед.

Сергей: У нас на обед меньше времени, только полчаса.

Михаил: Сколько дней в неделю ты работаешь?

Сергей: Пять дней – с понедельника по пятницу. В субботу и воскресенье я отдыхаю дома с семьёй.

КАЛЕНДАРЬ

Пн.	Вт.	Ср.	Чт.	Пт.	Сб.	Вс.
		1	2	3	4	5
6	7	8	9	10	11	12
13	14	15	16	17	18	19
20	21	22	23	24	25	26
27	28	29	30	31		

Дни недели:

понедельник
вторник
среда
четверг
пятница
суббота
воскресенье

Сегодня — понедельник.

Завтра будет вторник.
Послезавтра будет среда.

Вчера было воскресенье.
Позавчера была суббота.

Семь дней — это неделя.
В неделе семь дней.

Вчера был вторник.
Вчера была среда.
Вчера было воскресенье.

Упражнение 86

А. *Образец:* **Понедельник** —первый день недели.

1. ________________ идёт после понедельника.
2. Между субботой и понедельником — ________________
3. ________________ — третий день недели.
4. ________________ — предпоследний день недели.
5. После четверга идёт ________________
6. ________________ — последний день недели.
7. ________________ — четвёртый день недели.
8. Перед вторником идёт ________________

Б. Напишите "сегодня", "завтра", "вчера", и т.д.

1. Сегодня среда:

   ________________ был вторник.

   ________________ будет четверг.

   ________________ будет пятница.

2. Позавчера была среда:

   ________________пятница.

   ________________ будет воскресенье.

   ________________ был четверг.

   ________________ будет суббота.

В. Образец: Сегодня суббота. Через три дня будет вторник

1. Сегодня четверг. Через два дня будет ________________
2. Сегодня понедельник. Через пять дней будет ________________
3. Сегодня пятница. Через неделю будет ________________

Упражнение 87

Напишите ответы:

1. Сколько месяцев в году?

2. В неделе 12 дней?

3. Сколько дней в неделе?

4. В сутках 30 часов?

5. Сколько часов составляют сутки?

6. В субботу школа открыта или закрыта?

7. В какой день вы отдыхаете?

8. Банк открыт днём или ночью?

Упражнение 88

ЧТО ДЕЛАЕТ ТАНЯ ДО РАБОТЫ?

а. Таня встаёт в восемь часов.
б. Она завтракает дома.
в. Она пьёт кофе.
г. Она ест булочку с джемом.
д. Она читает газету.
е. Она кончает завтракать в половине девятого.
ж. Она выходит из дома.
з. Она идёт к автобусу.
и. Она едет на работу.

1. А сейчас ты — Таня. Скажи, Таня, что ты делаешь?

а. Я встаю... ______________________
б. ______________________
в. ______________________
г. ______________________
д. ______________________
е. ______________________
ж. ______________________
з. ______________________
и. ______________________

ГЛАГОЛЫ

	я	*ты*	*он/она*	*мы*	*вы*	*они*
вставать	встаю	встаёшь	встаёт	встаём	встаёте	встают
есть	ем	ешь	ест	едим	едите	едят
завтракать	завтракаю	завтракаешь	завтракает	завтракаем	завтракаете	завтракают
ложиться	ложусь	ложишься	ложится	ложимся	ложитесь	ложатся
обедать	обедаю	обедаешь	обедает	обедаем	обедаете	обедают
отдыхать	отдыхаю	отдыхаешь	отдыхает	отдыхаем	отдыхаете	отдыхают
пить	пью	пьёшь	пьёт	пьём	пьёте	пьют
спать	сплю	спишь	спит	спим	спите	спят
ужинать	ужинаю	ужинаешь	ужинает	ужинаем	ужинаете	ужинают

СМОТРИМ СТАРЫЙ ТРИЛЛЕР

Антон: Есть ли там кто-нибудь?
Игорь: Да, мужчина.
Антон: А ещё кого-нибудь видишь?
Игорь: Нет, больше никого не вижу. Он один.
Антон: Что он там делает?
Игорь: Он сидит за маленьким столиком и...
Антон: И?
Игорь: Ой... я не знаю. Перед ним на столе стоит бутылка и несколько стаканов. Он берёт стакан и пьёт.
Антон: Пьёт? Что же он пьёт? Ты не видишь?
Игорь: Я не знаю. Вино? Коньяк? Не знаю.
Антон: Но не молоко... и не кофе?
Игорь: Нет, я думаю, что это вино.
Антон: И это всё? Что ещё на столе?
Игорь: Деньги. Там ещё лежат деньги.
Антон: Деньги? Сколько денег?
Игорь: Много. Очень много. Сотни. Нет, больше. Тысячи рублей!
Антон: А что же он с ними делает?
Игорь: Считает. Он кладёт банкноты одну за другой на стол...
Антон: Но... кто он? Откуда у него эти деньги? Ты не знаешь?
Игорь: Не знаю...

Упражнение 89

1. Игорь видит много людей в комнате?

2. Сколько человек он там видит?

3. Это мужчина или женщина?

4. Он сидит или стоит?

5. Где сидит этот человек?

6. Что стоит перед ним на столе?

7. Он пьёт молоко?

8. Знает ли Игорь, что он пьёт?

9. Что ещё есть на столе?

10. На столе много денег или мало?

11. Человек считает деньги или кладёт их в карман?

12. Знают ли “детективы”, чьи это деньги?

Глава 15

ТАНЯ РАБОТАЕТ И ОТДЫХАЕТ

Посмотрите на эту девушку! Знаете ли вы её? Конечно! Это наш друг Таня Доброва. Каждый день Таня встаёт рано утром, чтобы не опоздать на работу. Она завтракает дома в восемь часов. На завтрак Таня пьёт кофе и ест булочку с маслом и джемом. Во время завтрака она читает газету. Таня всегда выходит из дома в одно и то же время - в половине девятого.

Сейчас девять часов утра. Таня Доброва приходит на работу. Она говорит: “Доброе утро!” всем коллегам и идёт к своему столу. Начинается рабочий день. Сегодня понедельник. Начинается не только рабочий день, но и рабочая неделя.

Понедельник - первый день недели. В неделе семь дней, но рабочая неделя продолжается только пять дней. В субботу и воскресенье люди не работают, а отдыхают.

Вчера было воскресенье. Таня не была на работе вчера. Она была в гостях у своей подруги. Её подруга живёт в маленьком городке под Москвой. Они часто отдыхают в воскресенье вместе. Им нравится гулять по улицам, ходить в кино или смотреть телевизор. Иногда в парке есть концерты. Эти концерты всегда очень хорошие. Таня и её подруга с удовольствием ходят туда слушать музыку.

А какой день завтра? Завтра вторник. Завтра будет не день отдыха, а рабочий день, как и сегодня.

Упражнение 90

1. Знаете ли вы эту девушку?

2. Как её зовут?

3. Когда она встаёт?

4. Что она ест на завтрак?

5. Что она читает во время завтрака?

6. Который сейчас час?

7. Какой сегодня день недели?

8. Сколько дней продолжается рабочая неделя?

9. Где Таня была вчера?

10. Где живёт её подруга?

11. Куда им нравится ходить вместе в воскресенье?

12. Где они иногда слушают музыку?

Упражнение 91

Образец: Я хожу в школу после работы.

Пётр ***ходит в школу после работы***.

Мы ***ходим в школу после работы***.

Вы ***ходите в школу после работы***.

1. Учитель делает копии во время перерыва.

   Вы ____________________.

   Ты ____________________.

   Они ____________________.

2. Сергей пьёт молоко на завтрак.

   Они ____________________.

   Ты ____________________.

   Мы ____________________.

3. Вы смотрите телевизор вечером.

   Ты ____________________.

   Ольга ____________________.

   Я ____________________.

4. Дети ложатся спать рано.

   Вы ____________________.

   Я ____________________.

   Ты ____________________.

5. Ты часто ешь рыбу на обед.

   Они ____________________.

   Таня ____________________.

   Вы ____________________.

Упражнение 92

ЧТО ДЕЛАЕТ ДИРЕКТОР ПОСЛЕ РАБОТЫ?

Директор уходит с работы в пять часов. Он едет домой на машине. Когда он приходит домой, он здоровается с женой. Затем он садится перед телевизором. Около семи часов он ужинает с семьёй. Он ест мясо или рыбу и пьёт сок или чай. После ужина он встаёт, идёт в другую комнату и читает там газеты. Около одиннадцати часов вечера он ложится спать.

1. А сейчас я — директор. Что **я** делаю?

   Вы ________________________________

2. Я твой хороший друг! Что **я** делаю?

   Ты ________________________________

Упражнение 93

Образец: Я хожу на концерты. Я слушаю музыку.

Я хожу на концерты, чтобы слушать музыку.

1. Вы ходите в школу. Вы изучаете русский язык.

2. Ученик открывает книгу. Он читает диалог.

3. Ольга выходит из дома рано. Она не опаздывает на работу.

4. Я наливаю кофе в чашку. Я пью его.

5. Дети часто ходят в парк. Они гуляют там.

6. Ты приходишь на стадион. Ты смотришь футбол.

7. Студентка берёт ручку и бумагу. Она пишет под диктовку.

8. Я сажусь в кресло. Я смотрю телевизор.

Упражнение 94

Образец: Я иногда пью чай и часто пью кофе.

Мне нравится пить чай, но я предпочитаю пить кофе.

1. Михаил иногда ходит на концерты и часто ходит в кино.

2. Мы иногда читаем журналы и всегда читаем газеты.

3. Ты иногда покупаешь шоколад и часто покупаешь фрукты.

4. Я иногда обедаю в ресторане и часто обедаю дома.

5. Вы иногда смотрите телевизор и часто слушаете радио.

Упражнение 95

ЧТО ВЫ ГОВОРИТЕ ...?

Образец: Что вы говорите,
когда я спрашиваю: "Как дела?" д

1. ... когда вы здороваетесь ________	а. Спасибо!
2. ... когда я даю вам деньги ________	б. С удовольствием!
3. ... когда вы отвечаете по телефону ________	в. Спокойной ночи!
4. ... когда вы благодарите кого-нибудь ________	г. Ваше здоровье!
	д. Хорошо! А у вас?
5. ... когда вы уходите из класса ________	е. До свидания!
6. ... когда вы пьёте водку с другом ________	ж. Благодарю вас!
7. ... когда вы ложитесь спать ________	з. Здравствуйте!
8. ... когда я говорю: " Пойдём в кино!" ________	и. Пора идти домой!
9. ... когда кто-нибудь благодарит вас ________	к. Алло!
10. ... когда вы кончаете работать ________	л. Не стоит.

хлеб
пиво
булочки
чай
рыба
вино
суп
кофе
ветчина
сахар
масло
яйцо
цыплёнок
бифштексы

Глава 16

ПООБЕДАЛ С УДОВОЛЬСТВИЕМ

После работы Пётр пошёл обедать в ресторан «Якорь». Он вошёл в ресторан, увидел свободный столик и сел. Официант подошёл к нему, поздоровался, положил на стол меню и ушёл.

Пётр открыл меню и прочитал его. Через две-три минуты официант вернулся к его столику и сказал: «Я вас слушаю!» Пётр заказал обед. Официант записал заказ, повторил его и пошёл на кухню.

Через десять минут официант принёс обед и поставил всё на стол перед гостем. Пётр начал обедать и увидел, что официант не принёс пиво.

Пётр: Официант!
Официант: Да, слушаю вас!
Пётр: Вы забыли пиво.
Официант: Извините, сейчас принесу.

Пётр с удовольствием пообедал и выпил пиво. После обеда он попросил у официанта счёт, поблагодарил его, заплатил, оставил на столе деньги «на чай» и ушёл из ресторана.

ЧТО ОНА СДЕЛАЛА?

Она пишет письмо.

Она *написала* письмо.

Сейчас...		Вчера...
я пишу		я *написал(а)*
ты пишешь		ты *написал(а)*
он пишет		он *написал*
она пишет	→	она *написала*
мы пишем		мы *написали*
вы пишете		вы *написали*
они пишут		они *написали*
банк открывается		банк *открылся*
школа открывается		школа *открылась*
кафе открывается		кафе *открылось*

Упражнение 96

Образец: Каждый день я ухожу из дома рано.

Вчера я тоже **ушёл** рано.

1. Утром Пётр читает одну газету.

   Сегодня утром он ________ две газеты.

2. Я всегда покупаю хлеб в этом магазине.

   Вчера я ________ хлеб в другом магазине.

3. После обеда мы платим официанту.

   Сколько вы вчера ________ за обед?

4. Какое упражнение вы сейчас пишете?

   Сколько предложений вы ________?

5. Я всегда кладу ключи в сумку.

   Куда вы ________ мою сумку?

6. Ты берёшь русские книги в школе.

   А где ты взял этот русский журнал?

7. Вы заказываете билеты в театр по телефону.

   В какой театр вы ________ билеты вчера?

8. Каждое утро директор подписывает письма.

   Сегодня утром он подписал десять писем.

Упражнение 97

ЧТО ОНИ СДЕЛАЛИ?

Каждый день Анна Ивановна и её дети встают рано утром. Они завтракают в восемь часов утра и в четверть девятого выходят из дома. Дети идут в школу, а Анна Ивановна едет на работу. Анна Ивановна уходит после детей. Она берёт сумку и ключи, выходит из дома и закрывает дверь. Анна Ивановна приходит на работу вовремя. Она никогда не опаздывает. Когда Анна Ивановна входит в офис, она говорит своим коллегам: “Доброе утро!” и начинает работать,

А вчера? Что они вчера *сделали?*

Вчера Анна Ивановна и её дети *встали* ... ______________________

____

____

____

____

____

____

____

____

____

____

____

____

ТАБЛИЦА ГЛАГОЛОВ

Несовершенный вид	*Совершенный вид*	
благодарить	поблагодарить	поблагодарил
брать	взять	взял
видеть	увидеть	увидел
возвращаться	возвратиться	возвратился
входить	войти	вошёл
вынимать	вынуть	вынул
выходить	выйти	вышел
говорить	сказать	сказал
гулять	погулять	погулял
давать	дать	дал
делать	сделать	сделал
диктовать	продиктовать	продиктовал
думать	подумать	подумал
есть	съесть	съел
ехать	поехать	поехал
завтракать	позавтракать	позавтракал
задавать	задать	задал
заказывать	заказать	заказал
закрывать(ся)	закрыть(ся)	закрыл(ся)
записывать	записать	записал
звать	позвать	позвал
играть	поиграть	поиграл
идти	пойти	пошёл
изучать	изучить	изучил
класть	положить	положил
курить	покурить	покурил
лежать	полежать	полежал
мешать	помешать	помешал
наливать	налить	налил
обедать	пообедать	пообедал

Несовершенный вид	*Совершенный вид*	
объяснять	объяснить	объяснил
опаздывать	опоздать	опоздал
отвечать	ответить	ответил
отдыхать	отдохнуть	отдохнул
открывать	открыть	открыл
печатать	напечатать	напечатал
писать	написать	написал
пить	выпить	выпил
платить	заплатить	заплатил
повторять	повторить	повторил
подписывать	подписать	подписал
подходить	подойти	подошёл
показывать	показать	показал
покупать	купить	купил
понимать	понять	понял
предпочитать	предпочесть	предпочёл
приезжать	приехать	приехал
прикуривать	прикурить	прикурил
приносить	принести	принёс
приходить	прийти	пришёл
продавать	продать	продал
просить	попросить	попросил
работать	поработать	поработал
резать	разрезать	разрезал
смотреть	посмотреть	посмотрел
спать	поспать	поспал
спрашивать	спросить	спросил
считать	сосчитать	сосчитал
уезжать	уехать	уехал
ужинать	поужинать	поужинал
уносить	унести	унёс
успевать	успеть	успел
уходить	уйти	ушёл
ходить	пойти	пошёл
читать	прочитать	прочитал

Упражнение 98

В УНИВЕРМАГЕ

а. Я *ухожу* с работы в пять часов.

б. Я *иду* к автобусу.

в. Я еду на автобусе в универсальный магазин.

г. Я *приезжаю* к магазину.

д. Я *подхожу* к двери и *открываю* её.

е. Я вхожу в магазин и вижу администратора.

ж. Я *спрашиваю* её, где обувной отдел.

з. Она *показывает* мне, где он.

и. Я *благодарю* её и *иду* на второй этаж.

к. Я прошу продавца показать мне коричневые туфли.

л. Он *приносит* несколько пар.

м. Мне очень *нравится* одна пара, и я *покупаю* её.

1. Что мы *сделали* вчера?

а. Вчера мы *ушли* с работы ______________________________

б. ______________________________

в. ______________________________

г. ______________________________

д. ______________________________

е. ______________________________

ж. ______________________________

з. ______________________________

и. ______________________________

к. ______________________________

л. ______________________________

м. ______________________________

2. Что Таня *сделала* вчера?

а. Она __________

б. __________

в. __________

г. __________

д. __________

е. __________

ж. __________

з. __________

и. __________

к. __________

л. __________

м. __________

3. А что Пётр *сделал* вчера?

а. Он __________

б. __________

в. __________

г. __________

д. __________

е. __________

ж. __________

з. __________

и. __________

к. __________

л. __________

м. __________

ЧЕМ ОНИ ПИШУТ?

У него в руке карандаш.

Он пишет *карандашом.*

У неё в руке ручка.

Она пишет ручкой.

Что?	*Чем?*	*Что?*	*Чем?*
карандаш	карандашом	карандаши	карандашами
нож	ножом	ножи	ножами
ключ	ключом	ключи	ключами
ручка	ручкой	ручки	ручками
нога	ногой	ноги	ногами
ложка	ложкой	ложки	ложками

Он пишет красным карандашом.
Она пишет белой ручкой.

большой	большим	большие	большими
красный	красным	красные	красными
мой	моим	мои	моими
большая	большой		
красная	красной		
моя	моей		

Упражнение 99

Образец: Мы видим глаз*ами.*

Мы пишем карандаш______ или ручк______. Одни предпочитают писать карандаш______, другие - ручк______. И карандаш, и ручку мы держим рук______. Одни - прав______, а другие - лев______. Рук*а*______ мы не только пишем, мы работаем, берём или держим что-то тоже рук*а*______.

А чем мы режем? Мы режем нож______ или ножниц______? Нож ______ и вилк______ мы едим мясо, ветчину, рыбу. Но не суп. А маленьк______ ложкой мы кладём сахар в чай или кофе и мешаем его.

Упражнение 100

1. Мы пишем рукой или ногой?

2. Какой рукой мы пишем?

3. Чем мы слышим?

4. А чем мы режем мясо?

5. Что мы едим ложкой?

6. Чем мы кладём сахар в чай?

Глава 17

МЕСЯЦЫ И ВРЕМЕНА ГОДА

В году двенадцать месяцев. Первый месяц года — январь, а последний — декабрь.

В каждом месяце, кроме февраля, тридцать или тридцать один день. В феврале только двадцать восемь дней, но каждый четвёртый год в феврале бывает двадцать девять дней.

В году четыре времени года: зима, весна, лето, осень. Каждый сезон состоит из трёх месяцев.

Лето начинается в июне. Летом дни становятся длиннее, а ночи короче. Двадцать второго июня — самый длинный день и самая короткая ночь. После этого — и так до двадцать второго декабря — ночи становятся длиннее и длиннее, а дни короче.

зима	*весна*	*лето*	*осень*
декабрь	март	июнь	сентябрь
январь	апрель	июль	октябрь
февраль	май	август	ноябрь

Сейчас — январь.
Прошлый месяц ***был*** декабрь.
Следующий месяц **будет** *февраль*.

Упражнение 101

1. Какой первый месяц года?
2. А какой последний?
3. Какой месяц самый короткий в году?
4. Какое время года идёт после весны?
5. Когда начинается лето?
6. Какое время года между летом и зимой?
7. Какого числа самый длинный день и самая короткая ночь?
8. До какого числа дни становятся короче, а ночи длиннее?
9. Какой месяц между апрелем и июнем?
10. В каком месяце кончается год?

КАКОГО ЧИСЛА?

Сегодня - перв**ое** января.
Перв**ого** января праздник.
Перв**ого** января магазины закрыты.

Упражнение 102

Образец: Год начинается *первого января*. *(1/I)*

1. Завтра будет ____________________. *(10/II)*
2. Год кончается ____________________. *(31/XII)*
3. Позавчера было ____________________. *(7/VI)*
4. Мой сын родился ____________________. *(22/VIII)*
5. ____________________ — большой праздник. *(1/V)*
6. Ты приехал сюда ____________________. *(6/ III)*
7. Мы познакомились ____________________. *(3/IV)*
8. Какой день недели будет ____________________? *(25/IX)*

ДЕНЬ НАЧАЛСЯ ПЛОХО

На прошлой неделе в понедельник Владимир Локтев опоздал на работу. К нему подошёл директор:

Директор:	Доброе утро, Владимир Петрович! Вы знаете, который сейчас час?
Владимир:	Я? Да, знаю... Видите ли, вчера вечером мы с друзьями...
Директор:	Что случилось вчера вечером?
Владимир:	Мы с друзьями... Мы пошли на концерт и...
Директор:	И...?
Владимир:	Я пришёл домой очень поздно.
Директор:	Так... А сегодня утром...?
Владимир:	Сегодня утром я проснулся в четверть девятого, увидел, что уже светло, и понял, что опоздал! Я не позавтракал, чтобы успеть... И автобус...
Директор:	А что случилось с автобусом?
Владимир:	Автобус? Ах да, автобус. Я опоздал на него. Он ушёл... без меня. Я поехал на следующем, но он пришёл только через двадцать пять минут. И вот я...
Директор:	И вот вы здесь. Понятно. Всё понятно... Слушайте, Владимир Петрович, у нас рабочий день начинается в девять часов, а сейчас почти десять. Пора работать, не так ли? Пожалуйста, идите и начинайте работать.

Упражнение 103

1. Владимир пришёл на работу вовремя или опоздал?

2. Кто подошёл к нему?

3. Директор сказал Владимиру "Доброе утро!" или "Добрый день!"?

4. Владимир пришёл домой рано в воскресенье вечером?

5. Когда он пришёл?

6. С кем Владимир был на концерте?

7. Когда он проснулся на следующее утро?

8. Что он понял, когда проснулся?

9. Владимир успел на автобус?

10. Следующий автобус пришёл через пять минут?

11. Через сколько минут он пришёл?

12. Который был час, почти девять или почти десять?

Учитель *начинает* урок в шесть часов.
Урок *начинается* в шесть часов.

Учитель *кончил* урок в девять часов.
Урок *кончился* в девять часов.

возвращаться	познакомиться
встречаться	открываться
закрываться	продолжаться
здороваться	просыпаться
кончаться	прощаться
начинаться	садиться
писаться	учиться

Упражнение 104

Образец: Мы часто встречаемся на улице.

Вчера ***мы встретились на улице***.

1. В школе мы здороваемся по-русски.
   Вчера ______________________.

2. Концерт кончается в половине одиннадцатого.
   В прошлую субботу ______________________.

3. Я всегда возвращаюсь с работы в шесть часов.
   Вчера ______________________.

4. Музей Пушкина открывается в десять часов.
   В прошлую субботу ______________________.

5. Ты всегда просыпаешься рано.
   Вчера ______________________.

ПИСАТЕЛЬ МИХАИЛ БУЛГАКОВ

Недавно я прочёл статью о писателе Михаиле Булгакове. Из статьи я узнал много интересного о его жизни. В городе Киеве есть дом-музей Михаила Булгакова. Люди, которые живут в Киеве или приезжают туда, приходят в этот музей, чтобы услышать о жизни и работе писателя, посмотреть на его книги и вещи.

Михаил Булгаков родился в семье профессора в 1891 году. По профессии Булгаков был врач, но ещё когда был ребёнком, понял, что любит театр. Писать Михаил Булгаков начал ещё в молодые годы.

В 1922-ом году он начал писать свою первую большую книгу и закончил её в 1924-ом году. Последнюю свою книгу он не успел закончить. Михаил Булгаков умер ещё молодым — в 1940-ом году. Ему было только 49 лет.

В книгах Михаила Булгакова мы читаем о жизни в России до Октябрьской революции, во время революции и после неё. В России знают и помнят этого писателя.Читатели любят его книги.

Упражнение 105

1. В каком городе есть музей Михаила Булгакова?
2. В какой семье родился Булгаков?
3. В каком году он родился?
4. Кто он был по профессии?
5. Когда он понял, что любит театр?
6. Когда он начал писать?
7. В каком году Булгаков закончил свою первую большую книгу?
8. Успел ли он закончить свою последнюю книгу?
9. О чём мы читаем в его книгах?
10. В каком году Михаил Булгаков умер?
11. Он умер молодым или старым?

Глава 18

Виктор: Вы будете работать весь день завтра?
Ольга: Да, я буду на работе до пяти часов вечера.

ЧТО ВЫ БУДЕТЕ ДЕЛАТЬ?

Сейчас...		*Завтра...*
я — здесь	⇨	я *буду* здесь
я работаю		я *буду* работать
я пишу		я *буду* писать

я	*буду*	читать завтракать
ты	*будешь*	считать работать
он	*будет*	писать смотреть
мы	*будем*	ходить играть
вы	*будете*	обедать отдыхать
они	*будут*	слушать

Упражнение 106

Образец: Каждый день мы работаем здесь.

Завтра мы *будем работать* здесь.

1. Обычно я встаю рано.
   На следующей неделе я ______________ рано.

2. Сейчас секретарь печатает ответы на письма.
   Завтра утром секретарь ______________ ответы на письма.

3. Каждый день они ездят на работу вместе.
   В следующем месяце они ______________ на работу вместе.

4. После работы я смотрю телевизор.
   Завтра после работы я______________ телевизор.

5. На каждом уроке учитель показывает нам иллюстрации.
   На следующем уроке он тоже ______________ иллюстрации.

6. Они всегда обедают в ресторане.
   Послезавтра они ______________ в ресторане.

7. Каждый вечер ты отдыхаешь в парке.
   В следующее воскресенье ты ______________ в парке.

8. В школе мы всегда говорим только по-русски.
   Завтра мы тоже ______________ только по-русски.

Упражнение 107

Сегодня — воскресенье. Сергей Петрович Соколов не *работает*. Воскресенье — выходной день. Сергей Петрович *отдыхает* со своей семьёй. Они *завтракают* дома в девять часов утра. Затем Сергей Петрович и его жена *читают* газеты, а дети *играют* в компьютерные игры в своей комнате. Днём вся семья *гуляет* в парке. Там дети *катаются* на велосипедах, а родители *играют* в теннис. В три часа они *обедают* в ресторане в парке. Вечером семья дома. Они *слушают* радио, *смотрят* телевизор, *разговаривают* с друзьями по телефону.

Завтра *будет* воскресенье. Сергей Петрович Соколов не *будет работать*.

МИХАИЛ СОБИРАЕТСЯ В КОМАНДИРОВКУ

Михаил собирается ехать в Екатеринбург в командировку. Сейчас он разговаривает по телефону со своим коллегой Виктором.

Михаил: Я слышал, вы были в Екатеринбурге в прошлом году.
Виктор: Да, да. Зимой, в январе.
Михаил: Вы думаете, там сейчас очень холодно?
Виктор: Конечно! Сейчас февраль. Там теперь морозы и очень много снега.
Михаил: Ох! Сколько же там сейчас градусов?
Виктор: Не меньше, чем минус 25-30. Или ещё холоднее. Это вам не Крым, а Урал.
Михаил: К сожалению.
Виктор: Возьмите тёплые вещи.
Михаил: Да, знаю. Я уже купил зимние ботинки и положил в чемодан несколько тёплых рубашек.
Виктор: Не забудьте взять хороший свитер.
Михаил: Зачем ещё свитер? У меня очень тёплое пальто.
Виктор: В феврале там не только мороз. Там бывают сильные ветры. А в мороз с ветром и в тёплом пальто холодно.
Михаил: Так, свитер... Хорошо.
Виктор: Вы долго там будете?
Михаил: Недели две.
Виктор: У меня в Екатеринбурге есть очень хороший друг – Василий Иванович Осипов, очень приятный человек. Запишите его телефон. 374-55-10.
Михаил: Спасибо. До свидания.
Виктор: До свидания. Передайте привет Василию Ивановичу.

5 ноября

Здравствуйте, Алексей!

Десять дней назад я написала Вам открытку из Москвы, а теперь мы в Петербурге. В Петербурге у меня есть тётя — сестра моего отца. Она была очень рада, что мы приехали. Мы будем жить у неё ещё несколько дней. Здесь очень много интересных музеев, и каждый день мы будем ходить в один или два музея.

Завтра утром мы собираемся в музей-квартиру Пушкина. Пушкин много писал в этой квартире. В этой квартире поэт умер в 1837-ом году. Музей находится недалеко от Эрмитажа. В Эрмитаже мы уже были. Это очень большой и богатый музей. Сколько прекрасных картин мы там увидели!

Вчера мы покатались на машине по городу. Наш новый друг, с которым мы познакомились в поезде, показал нам Петербург и рассказал много интересного. Он очень хорошо знает свой город. Сегодня вечером мы будем ужинать у него дома.

Думаю, что через неделю мы будем дома. Писать больше не буду. Привет всем друзьям.

До свиданья!

Елена

Упражнение 108

Образец: Солнце только что зашло.

______ а. Стало жарко.

__✓__ б. Стало темнее.

______ в. Стало светло.

1. Вчера температура упала.

______ а. Стало холоднее.

______ б. Стало теплее.

______ в. Стало жарко.

2. Ты пришёл на работу вовремя.

______ а. Ты опоздал на работу.

______ б. Ты не пришёл на работу.

______ в. Ты успел на работу.

3. Я забыл ваш адрес.

______ а. Я знаю ваш адрес.

______ б. Я больше не знаю вашего адреса.

______ в. Я вспомнил ваш адрес.

4. Мы собираемся работать.

______ а. Мы будем отдыхать.

______ б. Мы не будем работать.

______ в. Мы будем работать.

5. Сейчас на небе большие чёрные тучи.

______ а. Будет дождь.

______ б. Светит солнце.

______ в. Сейчас хорошая погода.

6. Николай любит зимний спорт.

______ а. Он любит кататься на велосипеде.

______ б. Он любит кататься на лыжах.

______ в. Он любит сидеть в тёплой комнате.

7. Летом на юге очень тепло.

______ а. Там часто идёт снег.

______ б. Там светит солнце.

______ в. Там бывает минус двадцать градусов.

8. Сегодня дует сильный холодный ветер.

______ а. Мне холодно.

______ б. Мне тепло.

______ в. Мне приятно.

9. Вчера Пётр надел тёплый свитер и пальто.

______ а. Вчера было очень тепло.

______ б. Вчера был южный ветер.

______ в. Вчера было минус пятнадцать градусов.

ВЧЕРА БЫЛА ГРОЗА

Ольга и Таня встречаются утром на работе.

Ольга: Ну и гроза была вчера! Ты была дома вечером?

Таня: В такую погоду? Конечно! Кто выходит в грозу?

Ольга: А я пошла в магазин. Вдруг подул сильный ветер, небо стало почти чёрным...

Таня: Да, стало темно, как ночью.

Ольга: А гром, молния.

Таня: Я не помню такой грозы.

Ольга: И я. Что мне было делать – идти в магазин или вернуться домой?

Таня: Идти туда, куда ближе.

Ольга: Я побежала домой, но не успела. Полил дождь, и через минуту я была вся мокрая.

Таня: У тебя не было зонтика?

Ольга: Ни зонтика, ни плаща. Когда я вышла, была прекрасная погода. И вдруг – ветер, гром, молния! Все, кто был на улице, моментально промокли.

Таня: Знаю. Я посмотрела в окно и увидела, какие все мокрые.

Глава 19

ПОСМОТРИ НА ФОТОГРАФИЮ!

Ольга: Я принесла фотографию нашей семьи. Помнишь, ты просила показать?

Таня: Да, конечно. Дай посмотреть. Очень красивое фото! Кто так хорошо фотографирует? Ты?

Ольга: Нет. Я тоже на снимке. Вот, видишь? А снял нас друг моего отца.

Таня: Он фотограф?

Ольга: Нет, он работает вместе с моим отцом на заводе и очень любит фотографировать.

Таня: Так, это твой отец, а это мать. Какой у неё красивый костюм. Коричневый с жёлтым.

Ольга: Это подарок отца. А как тебе нравится моя сестра? Через три месяца она окончит университет и будет врачом.

Таня: Правда? Уже? Я познакомилась с ней, когда она училась в школе. Твой брат тоже стал взрослым. Сколько ему лет?

Ольга: Двадцать шесть. Он женат. Вот видишь, около него стоит молодая женщина с ребёнком на руках? Это его жена Вера.

Таня: Я забыла, как зовут твоего брата.

Ольга: Игорь.

Таня: Да, правильно, Игорь. Они живут с вами?

Ольга: Сейчас да, но через месяц у них будет своя квартира недалеко от нас, и они будут жить там. Бабушка тоже будет жить с ними и смотреть за их ребёнком.

Таня: Очень хорошая фотография. Спасибо, что не забыла принести.

Упражнение 109

Напишите антонимы.

Образец: день **ночь**

1. отдыхать ________
2. ночью ________
3. постоянный ________
4. всегда ________
5. опаздывать ________
6. прощаться ________
7. рано ________
8. спрашивать ________
9. разные ________
10. старый ________
11. жарко ________
12. надевать ________
13. давно ________
14. покупать ________
15. уже ________
16. просыпаться ________
17. светло ________
18. родился ________
19. восход ________
20. сухой ________

ЗНАЕТЕ ЛИ ВЫ ВСЕ ЭТИ СЛОВА?

Прилагательное	*Существительное*
бедный	бедность
богатый	богатство
ветреный	ветер
влажный	влага
городской	город
деревенский	деревня
деревянный	дерево
детский	дети
длинный	длина
дождливый	дождь
жаркий	жара
женский	женщина
интересный	интерес
фермерский	фермер
красивый	красота
круглый	круг
мебельный	мебель
мировой	мир
молодой	молодость
молочный	молоко
морозный	мороз
мужской	мужчина
музыкальный	музыка
мясной	мясо
низкий	низ
обувной	обувь
переменный	перемена
свободный	свобода
семейный	семья
сильный	сила
старый	старость
тёплый	тепло
ужасный	ужас
холодный	холод
цветной	цвет

Упражнение 110

настольная лампа

Напишите имя существительное.

Образец: настольный — ***стол***
бумажный — ***бумага***

1. южный ____________
2. зимний ____________
3. спортивный ____________
4. рабочий ____________
5. континентальный ____________
6. классный ____________
7. вечерний ____________
8. летний ____________
9. иностранный ____________
10. утренний ____________
11. книжный ____________
12. винный ____________
13. северный ____________
14. школьный ____________
15. домашний ____________

Упражнение 111

Напишите глагол.

Образец: писатель **писать**

1. рабочий ____________
2. читатель ____________
3. продавец ____________
4. житель ____________
5. завтрак ____________
6. преподаватель ____________
7. покупатель ____________
8. обед ____________
9. снимок ____________
10. работа ____________
11. письмо ____________
12. начало ____________
13. значение ____________
14. ответ ____________
15. конец ____________
16. знакомый ____________
17. рассказ ____________
18. отдых ____________
19. ужин ____________
20. фотография ____________

Упражнение 112

Напишите глаголы.

Образец: открывать *открыть* *открыл*

1. писать ________ ________
2. говорить ________ ________
3. платить ________ ________
4. заказывать ________ ________
5. отвечать ________ ________
6. брать ________ ________
7. звать ________ ________
8. записывать ________ ________
9. просыпаться ________ ________
10. встречать ________ ________
11. получать ________ ________
12. вставать ________ ________
13. прощаться ________ ________
14. приносить ________ ________
15. снимать ________ ________
16. ложиться ________ ________
17. забывать ________ ________
18. засыпать ________ ________
19. начинать(ся) ________ ________
20. покупать ________ ________

ГОРОД АЛМА-АТА

Бывшая столица Казахстана Алма-Ата - это один из самых больших городов Центральной Азии. По-казахски город называется Алматы, что значит Яблоневый.

Город очень красив. Это один из самых зелёных городов Казахстана. В центре города много больших современных зданий, широких улиц, бульваров и парков.

Алма-Ата находится около гор Заилийского Алтау. Горы очень высокие, и круглый год на их вершинах лежит снег. Летом в горах прохладнее, чем внизу в городе. Жители Алма-Аты очень любят отдыхать по выходным дням в горах. Там много деревень, маленьких речек, есть и большое озеро. По вечерам, когда заходит солнце, с гор часто дует прохладный ветер.

Город лежит на одной широте с Римом и Бостоном, но климат там континентальный. Летом температура воздуха иногда поднимается до сорока градусов выше нуля. С утра до вечера светит солнце. На небе ни облака. Жарко не только днём, но и ночью.

Зима в Алма-Ате очень короткая, но иногда бывают морозы и идёт снег. Зимой в Алма-Ате погода влажная, снег быстро тает, часто бывает снег с дождём. В такие дни небо серое, над городом низкие тучи. Но такая погода продолжается недолго. Южное солнце начинает светить, погода меняется, становится снова тепло, а потом и жарко.

Упражнение 113

Образец: Я подхожу к окну и открываю его.

Вчера ***я подошёл к окну и открыл его***.

1. Мы встречаемся утром и здороваемся.

   Вчера вдруг ____________________.

2. Сейчас дует ветер и идёт дождь.

   Вчера ____________________.

3. Ты открываешь книгу и начинаешь читать.

   Час тому назад ____________________.

4. Я прихожу домой и снимаю пальто.

   Вчера ____________________.

5. Николай берёт мобильный телефон и кладёт его в карман.

   Только что ____________________.

6. Вы встаёте в семь часов и завтракаете.

   Вчера ____________________.

7. Мой друг приносит русские книги и даёт их мне.

   Позавчера ____________________.

8. Сергей зовёт официанта и заказывает обед.

   Сергей ____________________.

Упражнение 114

Образец: Вчера вы купили книгу.

Вы пошли в магазин, чтобы ***купить книгу*** .

1. Сегодня утром я написал письмо другу.

   Я сел за стол, чтобы ________________ .

2. Ты выпил чашку кофе.

   Ты пошёл в кафе, чтобы ________________ .

3. Николай позвонил жене.

   Он взял мобильный телефон, чтобы ________________.

4. Вчера мы успели на поезд.

   Мы поехали на такси, чтобы________________.

5. Я прочёл статью о новом фильме.

   Я взял журнал, чтобы________________.

6. Директор вышел из кабинета.

   Директор открыл дверь, чтобы________________.

7. Ученик поздоровался с учителем.

   Ученик встал, чтобы ________________ .

8. Ваши друзья встретили вас в аэропорту.

   Они приехали в аэропорт, чтобы ________________ .

Упражнение 115

Образец: Я уже прочёл этот рассказ.

Я ещё не прочёл этот рассказ.

1. Ты что-то написал на бумаге.

2. Мы всегда встречаемся на улице.

3. Кто-то получил письмо из Москвы.

4. Ребёнок уже проснулся.

5. Я буду смотреть этот фильм по телевизору.

6. Я ещё помню ваш номер телефона.

7. Вы купили что-нибудь для меня?

8. Виктор ещё живёт около вокзала?

КОМАНДИРОВКА В САНКТ-ПЕТЕРБУРГ

Сегодня утром Сергей Фёдорович Осипов улетел в командировку в Санкт-Петербург. Он проснулся очень рано, заказал по телефону такси и в шесть часов утра вышел из дома. Через несколько минут пришло такси и остановилось перед домом. Сергей Фёдорович сел в машину.

Сергей:	В аэропорт Внуково, пожалуйста!
Таксист:	Внуково? Хорошо.

В шесть сорок пять Сергей Фёдорович приехал в аэропорт Внуково. Там он встретился со своим коллегой Борисом Степановичем Вороновым. Они поздоровались и пошли регистрировать билеты. До отлёта у них оставалось больше получаса. Они решили позавтракать в кафе аэропорта и купить газеты в киоске.

Сергей:	У вас есть сегодняшний “Коммерсант”?
Киоскёр:	Конечно!
Сергей:	“Коммерсант” и “Огонёк”, пожалуйста!

В семь двадцать по радио объявили посадку, и Осипов с Вороновым пошли к самолёту.

Полёт был очень приятным. Стюардессы принесли кофе. Время пролетело очень быстро. Через час они были уже в Санкт-Петербурге.

Упражнение 116

Образец: Мы читаем рассказ о Москве.

Мы ***будем читать рассказ о Москве*** .

1. Я сижу у окна.

   Я __________________.

2. Дети катаются на велосипедах в парке.

   Дети __________________.

3. Ты играешь в теннис после работы.

   Ты __________________.

4. Ольга часто получает письма от родителей.

   Ольга __________________.

5. Мы занимаемся спортом каждый день.

   Мы __________________.

6. Сегодня холодно.

   Завтра __________________.

7. Вы отвечаете на вопросы по телефону.

   Вы __________________.

8. Сегодня дует северный ветер.

   Завтра __________________.

Упражнение 117

Напишите предлоги:

до, с, около, после, перед, за, из, по и т.д.

1. Самолёт прилетел ________________ России.

2. Нина ходит играть в теннис________________ работы.

3. Мы познакомились ________________ вами ________________ прошлом году.

4. Магазин открыт ________________ девяти утра ________________ шести вечера.

5. Ученик и учитель встретились ________________ коридоре ________________ уроком.

6. Кто сейчас разговаривает________________ телефону?

7. Вчера я вышел ________________ дома ________________ зонтика.

8. Ольга сидит ______________ маленьким столиком и читает газету ________________ Интернету.

9. Мне нравится отвечать________________ вопросы учителя по-русски.

10. Я положил лазерную мышку ________________ компьютера.

11. Автобус останавливается ________________ углом.

12. Знаете ли вы, кто ________________ этой фотографии?

Упражнение 118

а. Дайте ему немного!
б. Посмотрите в меню!
в. Попросите учителя повторить их!
г. Объясните ему!
д. Спросите у неё!
е. Купите новый!
ж. Покажите, пожалуйста!
з. Возьмите мою!
и. Расскажите нам, пожалуйста!
к. Сосчитайте, пожалуйста!
л. Заплатите ему!

Образец: У меня нет ручки. __*з*__

1. Я не знаю её адреса. _________
2. У него нет денег. _________
3. Это очень красивая открытка._________
4. Сколько стоит стакан вина?_________
5. Я не помню новых слов. _________
6. Я увидел много интересного в Москве _________
7. Официант дал мне счёт. _________
8. У меня очень старый телевизор. _________
9. Он не понимает, что я делаю. _________
10. Сколько на столе карандашей?_________

Глава 20

КАК ПРОЙТИ НА ТВЕРСКУЮ?

Турист подходит к милиционеру в центре Москвы.

Турист:	Скажите, пожалуйста, как пройти на Тверскую?
Милиционер:	Это не очень далеко отсюда. Минут двадцать пять пешком. Можно поехать на троллейбусе, если хотите быстрее. Или на метро. Думаю, что лучше всего на троллейбусе.
Турист:	Почему?
Милиционер:	Потому что на метро нужно делать пересадку на станции «Охотный ряд», а троллейбус идёт прямо.
Турист:	А где остановка?
Милиционер:	Вон там, на той стороне. Видите белую табличку? Там написано: «Остановка троллейбуса»,
Турист:	Вижу, вижу. Напротив, около банка.

Милиционер: Куда на Тверской вам нужно?

Турист: А что, не все троллейбусы туда идут?

Милиционер: Не все троллейбусы идут до конца улицы.

Турист: Мне нужно на Белорусский вокзал.

Милиционер: Понятно. Вы должны ехать на двенадцатом или на первом троллейбусе, на других невозможно доехать до вокзала.

Турист: Они часто ходят?

Милиционер: Как правило, каждые пять минут. Смотрите, вон идёт троллейбус. Может быть, это ваш. Бегите. Вы можете успеть на него.

Турист: Спасибо, бегу.

Милиционер: Счастливо!

я (м.)	могу	хочу	должен	успеть на поезд
я (ж.)	могу	хочу	должна	пойти на почту
ты (м.)	можешь	хочешь	должен	закрыть дверь
ты (ж.)	можешь	хочешь	должна	помочь нам
он	может	хочет	должен	ответить по телефону
она	может	хочет	должна	взять этот журнал
мы	можем	хотим	должны	написать адрес
вы	можете	хотите	должны	записаться на приём
они	могут	хотят	должны	сделать эту работу

Упражнение 119

Образец: */хотеть/*

Я часто говорю с Павлом по телефону.

Сейчас я ***хочу поговорить*** с ним по телефону.

1. */долж-/*

   Нина едет на работу на двух троллейбусах.

   Она ________________ на работу на двух троллейбусах.

2. */мочь/*

   Кто знает адрес новой гостиницы?

   Кто ________________ адрес новой гостиницы?

3. */долж-/*

   На метро мы делаем одну пересадку.

   Сколько пересадок мы ________________ на троллейбусе?

4. */хотеть/*

   Ты идёшь на почту купить марки.

   Ты ________________ на почту купить марки.

5. */мочь/*

   Спросите у милиционера, как пройти.

   Вы ________________ у милиционера, как пройти.

6. */хотеть/*

   Пётр часто смотрит итальянские фильмы

   Сегодня он ________________ итальянский фильм.

я	должен (-жна)	*мне*	
ты	должен (-жна)	*тебе*	
он	должен	*ему*	
она	должна	*ей*	*нужно*
мы	должны	*нам*	
вы	должны	*им*	

я	могу	*им*	
ты	можешь	*тебе*	
он	может	*ему*	
она	может	*ей*	*можно*
мы	можем	*нам*	
вы	можете	*вам*	
они	могут	*им*	

я	хочу	*мне*	
ты	хочешь	*тебе*	
он	хочет	*ему*	
она	хочет	*ей*	*хочется*
мы	хотим	*нам*	
вы	хотите	*вам*	
они	*хотят*	*им*	

помочь другу

написать письмо

успеть на поезд

узнать адрес

прийти на урок

открыть дверь

прочесть письмо

приехать сюда

работать вечером

ждать здесь

лететь утром

ходить в гости

купить цветы

отдыхать дома

слушать музыку

играть в теннис

послать бандероль

Упражнение 120

Образец: Я хочу научиться программировать.
Мне хочется научиться программировать.

1. Вы можете пойти со мной в гости сегодня?
   ______________ пойти со мной в гости сегодня?

2. Таня должна позвонить своей подруге.
   ______________ позвонить своей подруге.

3. Мы не хотим долго стоять в очереди.
   ______________ долго стоять в очереди.

4. Николай должен лететь в Киев в командировку.
   ______________ лететь в Киев в командировку.

5. Я могу задать несколько вопросов?
   ______________ задать несколько вопросов?

6. Где Поповы хотят отдыхать в этом году?
   Где ______________ отдыхать в этом году?

7. К кому я должен записаться на приём?
   К кому ______________ записаться на приём?

8. Ты не хочешь ждать меня на остановке?
   ______________ ждать меня на остановке?

Упражнение 121

а. Он должен поехать отдохнуть.
б. Я могу закрыть окно.
в. Нужно приготовить хороший ужин.
г. Нет, нельзя.
д. Вы должны были прийти до шести часов.
е. Можно спросить у милиционера.
ж. Я должен спешить.
з. Может быть, он уехал в командировку.
и. Нужно купить ему подарок.
к. Невозможно, это очень далеко.
л. Нужно написать ей ещё раз.

Образец: У Николая сегодня день рождения. *и*

1. Поезд уходит через десять минут. ________
2. Я не знаю, где почта. ________
3. Сергей очень много работает. ________
4. Пошли в театр пешком! ________
5. Вера не ответила на наше письмо. ________
6. В комнате очень холодно. ________
7. Почта уже закрыта. ________
8. У нас вечером будут гости. ________
9. Можно ли курить в метро? ________
10. Петрова нет ни на работе, ни дома. ________

НА ПОЧТЕ

Таня на почте. Она стоит в очереди к окну №2. Сейчас подошла её очередь.

Таня: Пожалуйста, примите бандероль в Саратов.

Служащая: Не могу. Бандероли принимают в окне №12. А здесь только письма.

Таня: После того как я простояла почти полчаса, я должна снова стоять в очереди?

Служащая: К сожалению, ничем не могу вам помочь.

Таня: А где окно №12?

Служащая: Напротив. Там есть табличка «Приём бандеролей».

Таня:	Понятно... А где можно купить конверты и марки? Тоже в другом окне?
Служащая:	Это можно здесь, у меня. Или, если хотите, в окне №12.
Таня:	Так. Мне нужно пять простых конвертов, три марки для России и две марки для заграницы.
Служащая:	Пожалуйста. Что ещё?
Таня:	Три открытки.
Служащая:	Простые или художественные?
Таня:	Простые, пожалуйста. По четыре семьдесят пять. Сколько с меня за всё?
Служащая:	Пятьдесят рублей.
Таня:	У меня только сторублёвая купюра.
Служащая:	Пожалуйста, я могу дать сдачу.

НЕЛЬЗЯ ИЛИ НЕВОЗМОЖНО?

Можно ли купить подарок на вокзале?
–Да, можно (купить подарок).
–Нет, невозможно (купить подарок).

Здесь *можно* курить? (Вы разрешаете?)
–Да, можно (курить здесь).
–Нет, нельзя (курить здесь).

Упражнение 122

а. На конверт, конечно!

б. Около десяти часов утра.

в. А над окном №12 — "Приём бандеролей".

г. Лучше послать экспресс-почтой.

д. Бандероли принимают в окне №12.

е. Нет, почта находится за углом.

ж. Позвоните на почту.

з. Вы долго стояли в очереди.

и. В окне напротив.

к. По-моему, четыре рубля.

л. Она служащая почты.

Образец: Сколько стоит простая открытка? *к*

1. Я хочу, чтобы письмо дошло быстро. ________
2. Где продаются марки и конверты? ________
3. Куда нужно наклеить марку? ________
4. В котором часу почтальон приносит почту? ________
5. Нам сегодня не принесли газеты. ________
6. В этом окне не принимают бандероли. ________
7. Кем работает эта девушка? ________
8. Над окном №10 написано: "Марки и конверты". ________
9. Вчера на почте было много людей. ________
10. Есть ли почта в этом здании? ________

Упражнение 123

Слова: *можно, нужно, нельзя, невозможно, хочется.*

Образец: Мне ***нужно*** пойти на почту.

1. Здесь звонить ______________, а в коридоре ______________.
2. ______________ прочесть всю газету за две минуты.
3. В нашем классе ______________ говорить только по-русски.
4. Адрес ______________ писать на конверте.
5. ______________ ли послать кресло бандеролью?
6. Мне не ______________ стоять долго в очереди.
7. Марки ______________ купить не только на почте.
8. Вам ______________ познакомиться с этим человеком?
9. В метро ______________ ехать с собакой, не разрешают.
10. На приём к врачу ______________ записываться заранее.
11. В Россию ______________ ехать без паспорта.
12. Чтобы купить Роллс-Ройс, ______________ иметь много денег.
13. Если тебе ______________ прочесть эту статью, возьми мой журнал.
14. В этой комнате слишком жарко. Здесь ______________ работать.
15. Детям ______________ выходить из дома поздно вечером.

Откройте дверь!

Я хочу, чтобы вы *открыли* дверь.

Я попросил вас *открыть* дверь.

Павел: *Таня, дайте мне ваш адрес!*

Павел хочет, чтобы Таня *дала* ему свой адрес.

Павел попросил Таню *дать* ему свой адрес.

Упражнение 124

Образец: Михаил, Таня, закрой дверь!

а. ***Михаил хочет, чтобы Таня закрыла дверь.***

б. ***Михаил попросил Таню закрыть дверь.***

1. Директор: Таня, запишите Смирнова на приём на пятницу.

   а. ____________________

   б. ____________________

2. Мы: Официант, принесите счёт!

   а. ____________________

   б. ____________________

3. Дети: Мама, помоги написать адрес!

   а. ____________________

   б. ____________________

4. Я: Друзья, расскажите нам о Москве!

   а. ____________________

   б. ____________________

ЕСЛИ

Дверь открыта.
Я *могу* выйти.

Дверь закрыта.
Я *не могу* выйти.

Если дверь открыта, я *могу* выйти.
Если дверь *закрыта*, я *не могу* выйти.

Если я хочу выйти, мне *нужно* открыть дверь.

Упражнение 125

Образец: Ученик повторяет слова, чтобы знать их.
Если ученик хочет знать слова, ему нужно повторить их.

1. Вы посылаете своё резюме, чтобы получить работу в фирме.

2. Я иду в книжный магазин, чтобы купить новые книги.

3. Мы спешим к автобусу, чтобы успеть на него.

4. Ты смотришь на календарь, чтобы знать, какое число.

5. Николай и его жена берут отпуск, чтобы отдохнуть в деревне.

6. Вы заказываете билет, чтобы лететь в Москву.

Упражнение 126

Образец: Ольга пошла на работу.

Перед этим она позавтракала.

Перед ***тем как Ольга пошла на работу***,

она позавтракала.

1. Директор подписал документы.

   До этого ассистент подготовил их.

   Перед ____________________.

2. Я написал на конверте адрес.

   А потом я наклеил марку.

   После ____________________.

3. Ученики ответили на вопросы учителя.

   После этого они сами начали задавать вопросы.

   После ____________________.

4. Ты пошёл на почту купить марки и конверты.

   Перед этим ты написал несколько писем.

   Перед ____________________.

5. Нина приготовила очень вкусный обед.

   До этого она купила мясо, рыбу и фрукты.

   Перед ____________________.

6. Инженер принял посетителя в своём кабинете.

   После этого посетитель пошёл в приёмную.

   После ____________________.

7. Вчера вечером мы посмотрели фильм и концерт по телевизору.

   До этого мы послушали музыку по радио.

   Перед ____________________.

8. Сергей познакомился с Владимиром.

   А потом он представил Владимира своей жене.

   После ____________________.

9. Вы повернули за угол.

   После этого вы пошли к остановке автобуса.

   После ____________________.

10. Я купил пять простых открыток в окне №10.

    До этого я простоял в очереди двадцать минут.

    Перед ____________________.

Глава 21

Я ЖИЛ В ИРКУТСКЕ

Виктор видит Николая. Тот идёт по улице с чемоданом. Виктор подходит к Николаю. Они здороваются.

Виктор: Ты куда с чемоданом?

Николай: Лечу сегодня вечером в Иркутск.

Виктор: О, Иркутск! Прекрасный город. Очень люблю его.

Николай: Ты знаешь Иркутск?

Виктор: Почему ты удивляешься? Я жил там, когда был ребёнком и знаю Иркутск очень хорошо. Мой отец работал в Иркутском университете с тысяча девятьсот шестьдесят девятого до семьдесят пятого года.

Николай: Правда? Он преподавал там?

Виктор: Да, он был профессором русской литературы и много писал.

Николай: Вспомнил! Он же известный профессор. Я читал его книги о русских писателях. Он всё ещё пишет?

Виктор: Да, но не так много, как раньше.

Николай: Всё это очень интересно.

Виктор: Да... Нам очень нравился Иркутск. Я с удовольствием поехал бы туда сейчас.

Николай: Вы жили около университета?

Виктор: Нет, мы жили около большого парка. Я очень любил этот парк и часто играл там со своими друзьями, катался на велосипеде... Какое это было счастливое время! Скажи, ты летишь в Иркутск в командировку?

Николай: Нет, моя сестра с семьёй живёт там. Завтра у неё день рождения, а мы не виделись почти два года.

Виктор: Два года? Как она будет рада, что ты приехал! Скажи, у тебя есть время выпить чашку кофе? Здесь недалеко есть хорошее кафе.

Николай: К сожалению, спешу. Спасибо!

Виктор: Очень жаль.

Николай: В другой раз. А сейчас не могу. Мне нужно быть в аэропорту через час.

Виктор: В котором часу твой самолёт?

Николай: В шесть тридцать.

Виктор: Да, тебе нужно спешить. Уже около пяти.

Николай: Очень рад был видеть тебя.

Виктор: Я тоже. Ну, до свидания. Счастливого пути!

Николай: Спасибо. До свидания!

Сейчас...		*Раньше...*
я работаю ты работаешь он работает она работает		я работал(а) ты работал(а) он работал она работала
вы работаете мы работаем они работают	→	вы, мы, они — работали
урок, неделя, лето — начинается		урок начинался неделя начиналась лето начиналось

Упражнение 127

Говорит Павел:

Я прихожу в школу в пять часов. Директор школы здоровается со мной. В школе я вижу других учеников. Мы разговариваем в коридоре перед уроком. Мой урок начинается в четверть шестого. На уроке учительница говорит только по-русски. Она задаёт мне много вопросов. Я отвечаю тоже только по-русски.

В перерыве ученики выходят из классов. Они пьют кофе и читают газеты.

А. А сейчас вы — Павел. Скажите, Павел, что вы *делали* на прошлой неделе в школе?

Я *приходил* в школу ______________________________

____

____

____

____

____

____

____

____

____

____

____

Б. Павел, что вы *будете делать* на следующей неделе?

Я *буду приходить* ______________________________

____

____

____

____

____

____

____

____

____

____

Упражнение 128

А . *Образец:* Павел жил в Москве и работал на заводе.

Когда ***Павел жил в Москве, он работал на заводе*** .

1. Мы завтракаем на кухне и слушаем радио.

   Когда ________________.

2. Ольга училась в университете и часто приходила домой поздно вечером.

   Когда ________________.

3. Я хожу на работу пешком и покупаю газету в киоске на углу.

   Когда ________________.

4. Таня и Нина ездят на юг и отдыхают у моря.

   Когда ________________.

5. Ты пишешь письма бабушке и рассказываешь ей о своих друзьях .

   Когда ________________.

Б. *Образец:* Менеджер разговаривает с посетителем. Звонит телефон.

Когда **<u>менеджер разговаривал с посетителем, зазвонил телефон</u>**

1. Мы стоим в очереди на почте. К нам подходят наши знакомые.

   Когда ________________.

2. Директор представляет рабочим нового инженера. Он называет его имя и фамилию.

   Когда ________________.

3. Дети играют в теннис на улице. Мать открывает окно и зовёт их обедать.

   Когда ________________.

4. Ты показываешь мне фотографии. На одной я вижу себя.

   Когда ________________.

5. Я выбираю подарок для друга. Продавец рекомендует мне купить галстук и рубашку.

   Когда ________________.

Упражнение 129

Каждый год в начале августа мы с семьёй ездим отдыхать на Чёрное море, в город Сочи. Мы прилетаем в аэропорт Адлер. Оттуда мы берём такси до центра Сочи. Там мы живём у наших друзей Степановых. Они тоже берут отпуск в августе, и мы ходим к морю вместе. Днём мы обычно загораем и плаваем, а вечером гуляем около моря, ходим на концерты или в кино, иногда ужинаем в ресторане. Наш отпуск кончается в начале сентября, и мы возвращаемся домой.

В прошлом году в августе мы с семьёй *поехали* отдыхать ____________

____

____

____

____

____

____

____

____

____

____

____

____

____

____

____

____

КАК ВЫ СЕБЯ ЧУВСТВУЕТЕ?

Михаил встречает на улице своего коллегу. Он давно его не видел на работе.

Михаил: Виктор Сергеевич! Давно вас не видел. Что с вами произошло?
Виктор: Простудился и болел почти две недели.
Михаил: Нехорошо. Да и сейчас вы ещё выглядите больным.
Виктор: Знаю. Но чувствую себя лучше. А было очень плохо.
Михаил: Что с вами было?
Виктор: В первый день решил, что у меня небольшая простуда. Болела голова, руки, ноги. Остался дома. Жена купила в аптеке какие-то таблетки, но они не помогли.
Михаил: А у врача вы были?
Виктор: Если бы я знал, что у меня грипп, я бы сразу пошёл к врачу, но я не люблю ходить в поликлинику. Там всегда очереди.
Михаил: Я тоже боюсь поликлиник.
Виктор: А через два дня мне стало совсем плохо, поднялась температура.
Михаил: Высокая?
Виктор: Очень. Выше тридцати девяти, да ещё начался кашель.
Михаил: И вы пошли в поликлинику?
Виктор: Нет, уже не мог ходить и лежал в постели. Врач пришёл ко мне домой.
Михаил: И сказал, что у вас грипп?
Виктор: Да. Прописал два лекарства, которые нужно было принимать четыре раза в день. И вот я почти здоров. Вчера врач разрешил мне ненадолго выйти на улицу. Думаю, что скоро буду на работе. Если бы я начал принимать эти лекарства с первого дня, я бы уже работал. Не привык болеть и сидеть дома.
Михаил: Не беспокойтесь о работе. Поправляйтесь!
Виктор: Спасибо. Привет всем!

ЕСЛИ БЫ...

Я не знаю его адреса.
Я не пишу ему.

но:

Если бы я *знал* его адрес,
я *бы написал* ему.

Упражнение 130

Образец: У меня нет времени сегодня.
Я не иду в кино.

Если бы у меня было время сегодня,
я бы пошёл в кино.

1. Ты не продавец.
   Ты не работаешь в магазине.

2. Петровы не приехали из-за границы.
   Они не позвонили нам.

3. Вы не боитесь выходить поздно вечером.
   Вы не просите кого-нибудь пойти с вами.

4. Поезд не пришёл вовремя.
   Мы не встретили наших друзей.

5. Вера не решила, куда поехать отдыхать.
   Она не заказала билета.

6. Я не пошёл в поликлинику.
   Врач не прописал мне лекарство.

7. Ты чувствуешь себя усталым.
   Ты хочешь лечь спать рано.

8. Мои коллеги знают моё мнение.
   Они могут принять решение без меня.

Упражнение 131

Образец: Если бы я был болен,...

____ а. я пошёл бы в кино

_✓_ б. я позвонил бы врачу

____ в. я был бы очень рад

1. Если бы Владимир успел на автобус,...

____ а. он сердился бы

____ б. он не поехал бы на автобусе

____ в. он не опоздал бы на работу

2. Если бы сейчас было лето, ...

____ а. мы поехали бы отдыхать к морю

____ б. мы катались бы на коньках

____ в. мы надели бы тёплые вещи

3. Если бы Таня не узнала вас,...

____ а. она спросила бы, кто вы

____ б. она говорила бы только с вами

____ в. она сразу подошла бы к вам

4. Если бы ты принимал лекарство,...

____ а. ты болел бы очень долго

____ б. у тебя поднялась бы температура

____ в. ты поправился бы раньше

ВЕРА БЕСПОКОИТСЯ

Вчера Вера ждала мужа из командировки. Она знала, что самолёт прилетает в семь вечера. Но в десять мужа ещё не было дома. Вера начала беспокоиться. На работу мужа звонить было поздно – все уже ушли домой. Она решила позвонить в аэропорт, но вдруг зазвонил телефон.

Вера: Алло. Серёжа, ты? Какое счастье! Что случилось? Я очень беспокоюсь.

Сергей: Я чувствовал, что ты беспокоишься и боишься, что со мной что-то случилось.

Вера: Ты здоров?

Сергей: Здоров. К сожалению, я не смог всё закончить до сих пор. Сердит на всё и на всех.

Вера: Ничего не понимаю. Ты там уже три дня. Что произошло?

Сергей: Во-первых, погода была ужасная. Поэтому я прилетел сюда на два часа позднее. Во-вторых, приехал на завод, а директора нет.

Вера: Нет? Почему?

Сергей: Сказали, что уехал в Харьков. Я был удивлён. Он же знал, что я прилетаю.А может быть, решил, что в такую погоду самолётов не будет. Я всё время сижу в гостинице и ничего не делаю. Жду.

Вера: Сколько же ещё ты должен ждать его?

Сергей: Завтра он возвращается. Думаю закончить всё за два дня.

Вера: А мне придётся ждать и беспокоиться ещё два дня…

Сергей: Раньше приехать не могу, а беспокоиться не надо.

Вера: Серёжа, ты видел Евгения? Как он там?

Сергей: Да, я обедал у них во вторник. У него всё в порядке. Он прекрасно выглядит. Доволен жизнью.

Вера: Передай ему привет. Жду тебя.

Сергей: Хорошо. До свидания.

Упражнение 132

Слова:	*беспокоиться, бояться, сердиться, смущаться, удивляться, чувствовать; доволен, сердитый, счастливый*

Образец: Я не знал, что мой друг возвратился из путешествия.
Когда он вошёл в комнату, я очень ***удивился***.

1. Вы выглядите очень усталым.
   Как вы себя ____________________?

2. Вчера я встретил жену своего друга. Я забыл, как её зовут, и очень ____________________.

3. Когда Анна Ивановна пришла с работы, детей не было дома. Она не знала , где они, и начала____________________.

4. Ты всегда гуляешь так поздно вечером?
   Ты не ____________________выходить из дома, когда темно?

5. Борис всегда опаздывает на урок минут на 5-10. Сегодня он опоздал больше чем на полчаса, и профессор был очень не ____________________.

6. Наша группа переделывала дизайн пять раз подряд, но директору всё не нравилось. Он попросил нас переделать ещё раз, и мы ____________________.

7. Поповы женаты уже десять лет. Они любят друг друга, у них прекрасные дети. Все говорят, что у них____________________ семья.

Упражнение 133

Слова:	беспокоить, болеть, ждать, принимать, поправиться, прописать, чувствовать; аптека, врач, поликлиника, приём, простуда, температура; здоров

На прошлой неделе я плохо себя ***чувствовал*** и решил пойти к __________ .

Утром я позвонил по телефону в __________ и записался на __________ .

В час дня я был уже в поликлинике и __________ своей очереди. Когда я вошёл в кабинет __________ , он спросил меня: "Что вас __________ ?" Я объяснил, что у меня __________ голова, поднялась __________ , не могу работать.

" У вас небольшая __________ ," - сказал врач и __________ мне лекарство.

Я купил лекарство в __________ и начал __________ его три раза в день. Через два дня мне стало лучше. А ещё через день я совсем __________ . Сейчас я __________ , хожу на работу. У меня ничего не __________ .

Глава 22

РАЗГОВОР ПО ТЕЛЕФОНУ

У Тани сегодня не очень трудный день. Михаила Петровича в офисе нет. Никто не придёт к нему на приём. Тане нужно только напечатать несколько писем и документов и, конечно, отвечать по телефону. Вот и сейчас звонит журналист из газеты.

Таня: Фирма «Звезда».

Журналист: Добрый день! Я бы хотел поговорить с господином Комаровым.

Таня: Его сейчас нет. Кто его спрашивает?

Журналист: Я звоню из газеты. Моя фамилия Гаврилов. Наша газета интересуется работой вашей фирмы.

Таня: Может быть, Михаил Петрович будет во второй половине дня. Я скажу ему, что вы звонили. Что ещё передать?

Журналист: Я позвоню ещё раз после двух часов. Я хочу договориться с ним о встрече.

Таня: Если хотите, я могу записать вас на завтра.

Журналист: Спасибо, но завтра я не смогу прийти. Уезжаю в Петербург и приеду через два-три дня.

Таня: Хорошо. Вы позвоните, когда приедете?

Журналист: Да, конечно. Всего хорошего!

Таня: До свидания.

СОВЕРШЕННЫЙ ВИД

Он откроет дверь

Он открывает дверь

Он открыл дверь

	Сейчас...	*Завтра...*	*Вчера...*
я	открываю	открою	открыл (-а)
ты	открываешь	откроешь	открыл (-а)
он	открывает	откроет	открыл
она	открывает	откроет	открыла
мы	открываем	откроем	открыли
вы	открываете	откроете	открыли
они	открывают	откроют	открыли

ТАБЛИЦА ГЛАГОЛОВ

(будущее время)

несов. вид		*сов. вид*		
		я	*он*	*они*
брать	взять	возьму	возьмёт	возьмут
видеть	увидеть	увижу	увидит	увидят
выбирать	выбрать	выберу	выберет	выберут
входить	войти	войду	войдёт	войдут
вынимать	вынуть	выну	вынет	вынут
говорить	сказать	скажу	скажет	скажут
давать	дать	дам	даст	дадут
делать	сделать	сделаю	сделает	сделают
думать	подумать	подумаю	подумает	подумают
есть	поесть	поем	поест	поедят
ехать	поехать	поеду	поедет	поедут
ждать	подождать	подожду	подождёт	подождут
записывать	записать	запишу	запишет	запишут
звать	позвать	позову	позовёт	позовут
звонить	позвонить	позвоню	позвонит	позвонят
идти	пойти	пойду	пойдёт	пойдут
класть	положить	положу	положит	положат
кончать	закончить	закончу	закончит	закончат

(будущее время)

несов. вид	*сов. вид*			
		я	*он*	*они*
ложиться	лечь	лягу	ляжет	лягут
мочь	смочь	смогу	сможет	смогут
набирать	набрать	наберу	наберёт	наберут
наливать	налить	налью	нальёт	нальют
начинать	начать	начну	начнёт	начнут
обедать	пообедать	пообедаю	пообедает	пообедают
объяснять	объяснить	объясню	объяснит	объяснят
отвечать	ответить	отвечу	ответит	ответят
отдыхать	отдохнуть	отдохну	отдохнёт	отдохнут
печатать	напечатать	напечатаю	напечатает	напечатают
платить	заплатить	заплачу	заплатит	заплатят
повторять	повторить	повторю	повторит	повторят
покупать	купить	куплю	купит	купят
понимать	понять	пойму	поймёт	поймут
посылать	послать	пошлю	пошлёт	пошлют
привыкать	привыкнуть	привыкну	привыкнет	привыкнут
принимать	принять	приму	примет	примут
пробовать	попробовать	попробую	попробует	попробуют

(будущее время)

несов. вид	*сов. вид*			
		я	*он*	*они*
просить	попросить	попрошу	попросит	попросят
простужаться	простудиться	простужусь	простудится	простудятся
разрешать	разрешить	разрешу	разрешит	разрешат
резать	разрезать	разрежу	разрежет	разрежут
садиться	сесть	сяду	сядет	сядут
сердиться	рассердиться	рассержусь	рассердится	рассердятся
слушать	услышать	услышу	услышит	услышат
смотреть	посмотреть	посмотрю	посмотрит	посмотрят
спрашивать	спросить	спрошу	спросит	спросят
считать	сосчитать	сосчитаю	сосчитает	сосчитают
удивляться	удивиться	удивлюсь	удивится	удивятся
уезжать	уехать	уеду	уедет	уедут
узнавать	узнать	узнаю	узнает	узнают
уходить	уйти	уйду	уйдёт	уйдут
хотеть	захотеть	захочу	захочет	захотят
читать	прочитать	прочту	прочтёт	прочтут

Упражнение 134

ЧТО ДЕЛАЕТ ПРОДАВЕЦ?

а. Продавец *приходит* на работу в половине девятого.
б. Он *здоровается* с другими продавцами.
в. Магазин *открывается* в девять часов.
г. Покупатели *входят* в магазин.
д. Продавец *показывает* покупателям костюмы.
е. Он *отвечает* на вопросы покупателей.
ж. Он *помогает* покупателям выбрать костюм.
з. Он *говорит*, сколько стоит костюм.
и. Он *берёт* у покупателя деньги.
к. Он *даёт* покупателю покупку.
л. Он *благодарит* покупателя.

1. А завтра? Что *сделает* продавец завтра?

а. Завтра он *придёт* ______________________________
б. ______________________________
в. ______________________________
г. ______________________________
д. ______________________________
е. ______________________________
ж. ______________________________
з. ______________________________
и. ______________________________
к. ______________________________
л. ______________________________

2. А сейчас вы - продавец. Что вы *сделаете* завтра?

а. Завтра я *приду* ____________________

б. ____________________

в. ____________________

г. ____________________

д. ____________________

е. ____________________

ж. ____________________

з. ____________________

и. ____________________

к. ____________________

л. ____________________

Упражнение 135

Образец: Секретарь должен ...

____ а. терять документы

✓ б. записывать на приём к директору

____ в. медленно печатать

1. Чтобы узнать номер телефона, нужно...

____ а. снять трубку и сказать: "Алло!"

____ б. не подходить к телефону

____ в. позвонить в "справочную"

2. Хороший программист всегда...

____ а. работает быстро и внимательно

____ б. пишет письма друзьям на работе

____ в. всё забывает

3. Я хочу записаться на приём.

____ а. я никому не буду звонить

____ б. я позвоню в приёмную секретарше

____ в. я наберу номер телефона кинотеатра

4. Чтобы послать письмо авиапочтой, нужно...

____ а. написать письмо и наклеить авиамарку

____ б. знать, где находится почта

____ в. договориться с почтальоном

5. Если телефон занят, вы услышите...

____ а. длинные сигналы

____ б. короткие сигналы

____ в. ничего не услышите

6. Сегодня у Павла день рождения.

____ а. никто ничего ему не скажет

____ б. он не получит подарка

____ в. все будут поздравлять его

7. Урок начнётся очень скоро.

____ а. урок начнётся через две минуты

____ б. урок начнётся через несколько часов

____ в. урока не будет

МИХАИЛ ПЕТРОВИЧ ЗВОНИТ ИЗ МИНИСТЕРСТВА

Комаров провёл всё утро на совещании в министерстве. Только что начался перерыв на обед. Михаил Петрович обещал Тане, своему секретарю, позвонить в свободную минуту. Он подходит к одному из телефонов в приёмной и набирает номер.

Таня: Фирма «Звезда».

Михаил: Таня, это я. Только что освободился. Что слышно? Кто-нибудь звонил?

Таня: Вы всё еще в министерстве?

Михаил: Да, и думаю, пробуду здесь весь день.

Таня: Кстати, Хохлов тоже в министерстве и звонил оттуда около десяти часов. Вы ему очень нужны. Он уже видел вас?

Михаил: Нет, но мы увидимся после перерыва и обо всём поговорим. Всё будет в порядке. Ещё кто-нибудь?

Таня: Был звонок из «Строительной газеты». Они хотят написать статью о нашем новом проекте. Их корреспондент хочет встретиться с вами. Он сказал, что позвонит ещё раз.

Михаил: Очень хорошо. Посмотрите, когда там у меня есть время на следующей неделе и запишите его.

Таня: Я попробую. Он сказал, что уезжает в Петербург на два-три дня.

Михаил: Посмотрите, что можно сделать.

Таня: Да, приходил Григорьев из проектного отдела. Он интересовался, готовы ли материалы для контракта с итальянской фирмой.

Михаил: Что вы ему сказали?

Таня: Я ничего не знаю об этих документах.

Михаил: Хорошо. Попросите его позвонить Борисову. Теперь всё?

Таня: Ещё звонила ваша жена. Я спросила, что передать и...

Михаил: И...?

Таня: Она просила передать, чтобы вы позвонили ей на работу до пяти часов.

Михаил: Спасибо. Позвоню. А вы позвоните, пожалуйста, Анатолию Семёновичу Белову, извинитесь и скажите, что я не смогу принять его завтра в три часа, как мы договорились. Спросите, не можем ли мы перенести нашу встречу на любое удобное для него время послезавтра.

Таня: Хорошо. Что-нибудь ещё?

Михаил: Пожалуй, всё. Если я буду вам срочно нужен, вы знаете телефон, не так ли?

Таня: Да, конечно. До свидания.

Михаил: До завтра.

Упражнение 136

Выберите: *правда* или *неправда?*

		правда	*неправда*
Образец:	Михаил Петрович звонит Тане из поликлиники.	____	✓
1.	Комаров провёл всё утро в министерстве на совещании.	____	____
2.	Михаил Петрович пробудет в министерстве только до обеда.	____	____
3.	Корреспондент "Строительной газеты" больше не будет звонить в фирму.	____	____
4.	Григорьев из проектного отдела интересовался, готовы ли документы	____	____
5.	Жена Комарова звонила к нему на работу, когда он был в министерстве	____	____
6.	Она просила, чтобы Михаил Петрович позвонил ей домой после пяти часов.	____	____
7.	Комаров не сможет принять Белова завтра в три часа.	____	____
8.	Таня не знает номера мобильного телефона Комарова.	____	____

РАБОТА СЕКРЕТАРЯ

Вот опять наш друг Таня. Как мы знаем, она секретарь Михаила Петровича Комарова. Работа секретаря очень интересная, но не лёгкая. Она должна отвечать на звонки, регистрировать почту и документы, записывать на приём к своему начальнику, писать под диктовку, хорошо печатать на компьютере, встречать посетителей. Она должна делать всё быстро и точно.

У Михаила Петровича очень много дел. Каждое утро Таня напоминает Михаилу Петровичу, кто придёт к нему на приём, на какие письма нужно ответить, есть ли в этот день совещание.

Сейчас Таня сидит за компьютером. В приёмную входит мужчина.

Таня: Добрый день! Я вас слушаю.
Григорий: Я хотел бы видеть Михаила Петровича.
Таня: Он ожидает вас?
Григорий: Нет, я не записался к нему на приём, но, думаю, он примет меня.
Таня: Извините, а вы по какому делу?
Григорий: По личному. Я ненадолго. Скажите, что Григорий Степанович Воробьёв хочет его видеть.
Таня: Хорошо. Подождите здесь, пожалуйста. Я сейчас скажу ему о вас.

(Таня входит в кабинет Комарова)

Михаил: Да, что такое?
Таня: В приёмной ждёт мужчина. Он хочет вас видеть.
Михаил: Я сейчас никого не жду. Откуда он?
Таня: Не знаю. Сказал, что по личному вопросу. Его фамилия Воробьёв, а зовут Григорий Степанович.
Михаил: Григорий Воробьёв! Зовите его сюда! Это мой старый друг. И, будьте добры, принесите нам кофе.
Таня: Хорошо. Сейчас принесу.

(Возвращается в приёмную)

Таня: Михаил Петрович ждёт вас. Проходите, пожалуйста.
Григорий: Большое спасибо!
Таня: Не за что.

Упражнение 137

НА СОВЕЩАНИИ: ВЧЕРА И ЗАВТРА

Вчера директор пришёл на работу в девять часов. Он вызвал к себе заместителя и спросил его, всё ли готово к совещанию. Он назначил совещание на два часа дня. Инженеры всех отделов пришли в кабинет директора. Совещание началось ровно в два. Директор рассказал о новом проекте. Инженеры задали ему вопросы. Новый проект всем понравился. Они решили начать работу над этим проектом в следующем месяце. Директор предложил инженерам подготовить все документы. Они обещали сделать это быстро. Совещание закончилось в четыре часа.

А завтра? Что будет завтра?

Завтра директор *придёт* ____

____

____

____

____

____

____

____

____

____

____

____

____

____

ДЛЯ ВЕРЫ ПРИШЛО ПИСЬМО

Разговор на улице:

Павел:	Добрый день, Тамара.
Тамара:	Здравствуй.
Павел:	Как дела?
Тамара:	Всё в порядке. Ты куда идёшь?
Павел:	В музей. Не хочешь пойти со мной?
Тамара:	К сожалению, не могу. Скажи, ты давно видел Веру? У неё теперь новый адрес, а я его не знаю.
Павел:	Я тоже не знаю. Надеюсь, что скоро увижу её. А что?
Тамара:	На мой адрес пришло для неё письмо из Владивостока. Я получила его дней пять назад, и оно до сих пор у меня. Не знаю, что с ним делать.

Павел: Я могу тебе дать её рабочий телефон: 193-88-15.

Тамара: Отлично. Я обязательно позвоню ей и скажу о письме. Хорошо, что я встретила тебя. Всего хорошего! Спасибо.

Павел: Счастливо!

Вчера на улице я встретил свою старую знакомую, Тамару. Мы поздоровались, и я спросил, как у неё дела. Она ответила, что у неё всё в порядке, и поинтересовалась, куда я иду. Я сказал, что иду в музей, и предложил ей пойти со мной. Затем Тамара спросила, давно ли я видел Веру, и сказала, что у Веры теперь новый адрес, но она не знает его. Я ответил, что тоже не знаю адреса, но надеюсь скоро увидеть Веру. Я поинтересовался, зачем Тамаре нужна Вера. Она объяснила, что на её адрес пришло письмо для Веры из Владивостока, и добавила, что письмо пришло дней пять назад, оно до сих пор у неё, и она не знает, что с ним делать. Я дал Тамаре рабочий телефон Веры. Она поблагодарила меня и сказала, что обязательно позвонит Вере и скажет о письме. Она была очень довольна, что встретила меня. Мы попрощались и пожелали друг другу всего хорошего.

ЧТО СКАЗАЛ ПАВЕЛ?

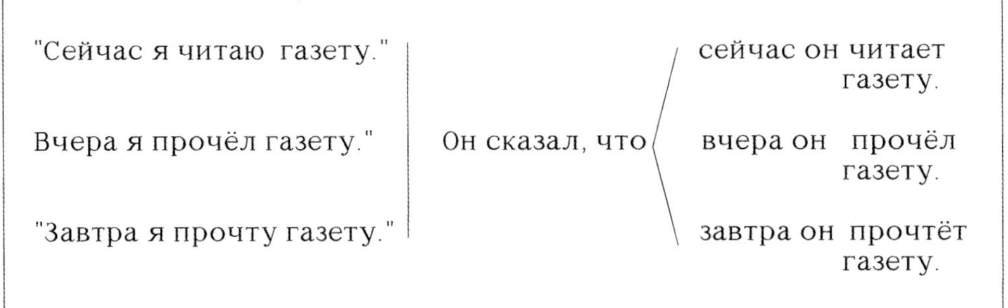

Упражнение 138

Образец: Павел: "Я всегда освобождаюсь в пять часов."

Павел сказал, что он всегда освобождается в пять часов.

1. *Таня:* "Я завтра зарегистрирую все документы."

2. Покупатели: "Нам очень нравятся новые продавцы."

3. *Директор:* "Я проведу совещание в понедельник."

4. *Учителя:* "Мы рады, что наши ученики делают мало ошибок."

5. *Ты:* "У меня не будет свободного времени всю неделю."

6. Продавец: “Я покажу костюм современного модного фасона.”

7. *Вы:* "Я не смогу закончить работу на этой неделе."

8. *Врач:* "Моим больным очень помогает новое лекарство."

9. *Мои коллеги:* "Мы хотим познакомиться с твоей женой."

10. *Ты:* "Мне нужно решить, куда я поеду отдыхать."

11. *Дети:* "Мы будем играть в своей комнате."

12. *Вы:* "Мои друзья придут ко мне в гости в субботу."

Упражнение 139

Образец: *Павел:* "Где остановка автобуса?"
Павел спросил, где остановка автобуса.

Инженер: "Таня, директор освободился?"
Инженер спросил Таню, освободился ли директор.

1. *Дети:* "“Как нам позвонить в клуб?”

2. *Николай:* "Ольга, хотите попробовать белое вино?"

3. Коллега: “Какой вопрос будет на совещании?”

4. *Я:* "Мне идёт это длинное пальто?"

5. *Нина:* "Сергей, почему ваш телефон всегда занят?"

6. *Мы:* "Официант, какую рыбу вы рекомендуете?"

7. *Врач:* "У ребёнка была высокая температура?"

8. *Родители:* "Дети, когда вы завтра придёте из школы?"

9. *Я:* "Тамара, когда ты получила письмо из Владивостока?"

10. *Вы:* "Кто пойдёт со мной на совещание?"

Когда я хочу.../Когда я не хочу... *...что я говорю?*

..., чтобы	вы ответили, ты ответил (а), мы ответили,	*"Ответьте!"* *"Ответь!"* *"Давайте ответим!"*
..., чтобы	вы отвечали, ты отвечал (а), мы отвечали,	*"Не отвечайте!"* *"Не отвечай!"* *"Давайте не (будем) отвечать!"*

Упражнение 140

Образец: А. позвонить по телефону *(вы)*
Позвоните по телефону!

Б. не приходить поздно *(ты)*
Не приходи поздно!

1. поздравить Таню с днём рождения *(мы)*

   ____________ Таню с днём рождения!

2. не подходить к собаке *(вы)*

   ____________ к собаке!

3. набрать номер гостиницы *(ты)*

   ____________ номер гостиницы!

4. не переносить совещания *(мы)*

   ____________ совещания!

5. не задавать много вопросов *(ты)*

   ____________ много вопросов!

Упражнение 141

Образец: *Павел:* "У вас очень интересная работа."

____ а. он поинтересовался

✓ б. он сказал

____ в. он спросил

1. Девушка: "Какой размер пальто вы носите?"

____ а. она ответила

____ б. она потребовала

____ в. она спросила

2. *Дети:* "Мама, купи нам билеты в кино, пожалуйста!"

____ а. они попросили

____ б. они приказали

____ в. они ответили

3. *Учитель:* "Давайте повторим диалог."

____ а. он спросил

____ б. он предложил

____ в. он поинтересовался

4. *Я:* "Вам очень пойдёт этот фасон."

____ а. я потребовал

____ б. я попросил

____ в. я посоветовал

5. *Вы:* "Я обязательно позвоню вам."

   ____ а. вы обещали

   ____ б. вы приказали

   ____ в. вы порекомендовали

6. *Мы:* "И ещё мы купили цветы."

   ____ а. мы обещали

   ____ б. мы посоветовали

   ____ в. мы добавили

7. *Таня:* "Да, директор в отпуске."

   ____ а.она порекомендовала

   ____ б. она ответила

   ____ в.она предложила

8. *Мой друг:* "Я был на очень хорошем концерте."

   ____ а. он сказал

   ____ б. он потребовал

   ____ в. он обещал

9. *Ты:* "Где можно купить хороший ноутбук?"

   ____ а. ты ответил

   ____ б. ты обещал

   ____ в. ты поинтересовался

10. *Мои коллеги:* "Давайте договоримся о совещании."

    ____ а. они приказали

    ____ б. они предложили

    ____ в. они спросили

В ГУМЕ

Олег Миронов решил купить новый костюм. После работы он пошёл в ГУМ. Сейчас он разговаривает с продавцом в отделе мужской одежды.

Олег: Я хотел бы посмотреть костюмы.

Продавец: Пожалуйста. Какой вы хотите? У нас сейчас большой выбор. Вам нужен тёплый или лёгкий?

Олег: Лёгкий. Хорошо бы серый.

Продавец: Вам нравятся строгие или более современного фасона?

Олег: Сам не знаю. Я предпочитаю строгие, но современные фасоны мне тоже нравятся. А можно посмотреть несколько разных?

Продавец: Конечно. Пройдите сюда, пожалуйста! Какой размер вы носите?

Олег: Обычно пятьдесят второй, иногда пятидесятый тоже подходит.

Продавец: Пожалуйста. Вот здесь все костюмы вашего размера. Можете посмотреть и примерить.

Олег: У вас сейчас распродажа?

Продавец: Да, и цены очень низкие.

Олег: Отлично! Сейчас посмотрю.

(Олег смотрит костюмы, выбирает три и подходит к продавцу.)

Продавец: Хотите примерить?

Олег: Да, где примерочная?

Продавец: Идите за мной. Вот сюда, пожалуйста.

(Олег примеряет все три костюма, один ему понравился. Он выходит из примерочной в новом костюме.)

Продавец: Как дела? Выбрали?

Олег: Да, решил взять бежевый. Думал купить серый, но он мне слишком узок. А этот бежевый, по-моему, сидит хорошо.

Продавец: Согласен с вами. Он вам очень идёт.

Олег: Вы думаете, не нужна никакая переделка?

Продавец: По-моему, это точно ваш размер. Если что-то не в порядке, вам переделают бесплатно на первом этаже. Переодевайтесь, и я упакую ваш костюм.

Олег: Я вернусь через минуту.

Продавец: Хорошо. Вот чек. Касса около входа. Уверен, что вы будете носить костюм с удовольствием.

Олег: Да, да. Надеюсь.

Глава 23

ПРИЧАСТИЕ НАСТОЯЩЕГО ВРЕМЕНИ

Виктор: Вот мой знакомый.
Михаил: Кто? Где?
Виктор: Там. Мужчина, читающий газету.

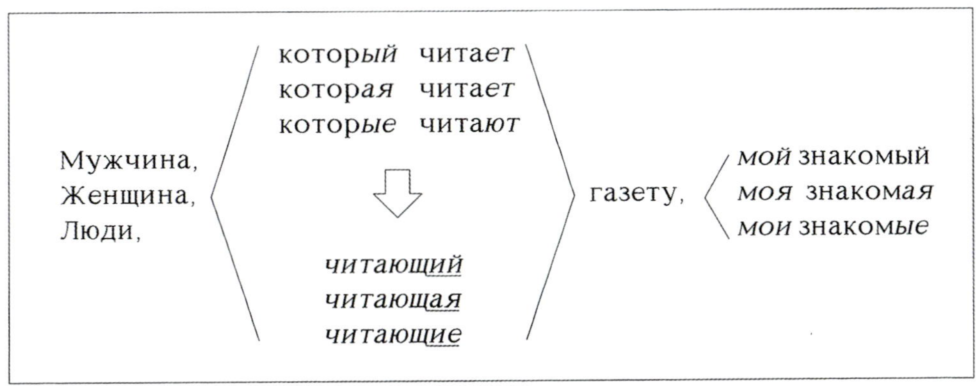

Инфинитив	*Они...*	*Причастие*
брать	бер*ут*	бер*ущий*
писать	пиш*ут*	пиш*ущий*
работать	работа*ют*	работа*ющий*
читать	чита*ют*	чита*ющий*
лежать	леж*ат*	леж*ащий*
спешить	спеш*ат*	спеш*ащий*
говорить	говор*ят*	говор*ящий*
стоять	сто*ят*	сто*ящий*
писать*ся*	пиш*утся*	пиш*ущийся*
возвращать*ся*	возвраща*ются*	возвраща*ющийся*
учить*ся*	уч*атся*	уч*ащийся*
находить*ся*	*находя*тся	*находя*щийся

КТО ТАМ СТОИТ?

Человек, *стоящий* у окна, мой друг.

Я не знаю человека, *стоящего* у окна.

Дайте этот журнал человеку, *стоящему* у окна.

Вы знакомы с человеком, *стоящим* у окна?

Что вы знаете о человеке, *стоящем* у окна?

Упражнение 142

Напишите причастие настоящего времени.

Образец: Я уже прочёл книгу, **лежащую** на столе */лежать/*

1. Знаете ли вы женщину, ____________ у двери? */стоять/*
2. Мне нравится смотреть на детей, ____________ на велосипедах. */кататься/*
3. Пётр работает на заводе, ____________ за городом. */находиться/*
4. Дайте мне номер телефона человека, ____________ проектом. */руководить/*
5. Как называется журнал, ____________ около лампы? */лежать/*
6. Утром мы встречаем служащих, ____________ на работу. */спешить/*
7. Как зовут девушку, ____________ по телефону? */отвечать/*
8. Мы всегда благодарим друзей, ____________ нас с праздником. */поздравлять/*
9. Скажи свою фамилию женщине, ____________ на приём. */записывать/*
10. В этом районе есть магазин, ____________ раньше девяти часов. */открываться/*
11. Я плохо понимаю людей, ____________ слишком быстро. */говорить/*
12. В новом доме будут жить рабочие, ____________ завод. */строить/*

ПРИЧАСТИЕ ПРОШЕДШЕГО ВРЕМЕНИ

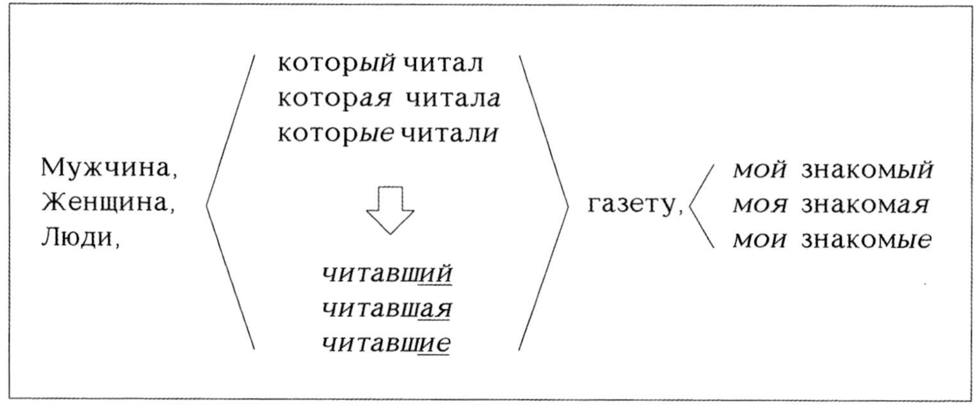

Инфинитив	*Причастие*
работать	работ*авший*
читать	чит*авший*
болеть	бол*евший*
смотреть	смотр*евший*
платить	плат*ивший*
говорить	говор*ивший*
стоять	сто*явший*
повторять	повтор*явший*
возвращаться	возвращ*авшийся*
заниматься	заним*авшийся*
садиться	сад*ившийся*
учиться	уч*ившийся*

Упражнение 143

Напишите причастие прошедшего времени.

Образец: Кто-то взял книгу, **лежавшую** на столе. */лежать/*

1. Где живут инженеры, ______________ из России?*/приехать/*

2. Вы разговаривали с коллегой, ______________ вам утром */звонить/*

3. Людям, ______________ раньше на юге, трудно привыкнуть к холодной зиме. */жить/*

4. Все хотели помочь девочке, ______________ маму в универмаге. */потерять/*

5. Что вы знаете о писателе, ______________ "Войну и мир"? */написать/*

6. Николай, ______________ гриппом на прошлой неделе, теперь здоров. */болеть/*

7. В газетах можно прочесть о новых городах, ______________ в Сибири. */вырасти/*

8. Ученица, ______________ из отпуска, снова начала заниматься в школе. */возвратиться/*

9. Никто не знает человека, ______________ вчера к директору. */приходить/*

10. Ольга поздоровалась с женщиной, ______________ дверь. */открыть/*

Упражнение 144

Напишите причастие настоящего или прошедшего времени.

Образец: А. Я принёс книгу, которая лежит на столе.
Я принёс книгу, лежащую на столе.

Б. Я взял книгу, которая лежала на столе.
Я взял книгу, лежавшую на столе.

1. Катя едет на работу на автобусе, который идёт в центр.

2. Все хотели послушать журналиста, который приехал из-за границы.

3. Правда ли, что люди, которые занимаются спортом, живут долго?

4. Магазины, которые раньше продавали только детские велосипеды, теперь продают и спортивные.

5. Я хочу написать всем, кто поздравил меня с днём рождения.

6. Как называется площадь, которая находится в центре Москвы?

7. Позвони врачу, который прописал тебе это лекарство.

8. Вы знаете электронный адрес фирмы, которая выпускает цветные календари?

9. Каждое утро мы видим людей, которые спешат на работу.

10. Продавец поблагодарил покупателя, который купил пальто.

ИЗ ИСТОРИИ РОССИЙСКОЙ АВТОМОБИЛЬНОЙ ПРОМЫШЛЕННОСТИ

(Листаем страницы газет 80-х годов)

Часть 1

Автомобильная промышленность — одна из самых быстро растущих отраслей экономики России. Это очень молодая промышленность. Интересно посмотреть на цифры, рассказывающие о быстром росте автомобилестроения в России. До двадцатых годов в России совсем не было производства автомобилей. Поэтому все автомобили нужно было импортировать из других стран.

Первый российский автозавод был построен в Москве и начал выпускать автомобили в 1924 году. В тот год завод смог дать стране всего 50 автомашин. В первые годы производство росло медленно, и в 1928 году был выпущен только 841 автомобиль.

В тридцатые годы началось строительство других автозаводов. Они были построены на Волге — в Нижнем Новгороде и Ярославле. В эти годы уровень производства постоянно рос, и в 1937 году было выпущено 199.858 автомобилей. К 1950 году общее количество выпущенных автомашин превысило 350 тысяч, в1960 году — более 500 тысяч и в 1970 — более миллиона автомобилей в год.

Интересно отметить, что хотя общее производство автомобилей росло очень быстро, выпуск легковых машин, по сравнению с грузовыми, рос ещё быстрее.

С самых первых лет после революции основное внимание в России уделялось развитию тяжёлой промышленности. Поэтому автозаводы выпускали в основном грузовые автомобили. Например, в 1937 году легковые автомобили составляли только 10% из общего количества выпущенных в стране автомашин. Но в следующие годы этот процент постоянно увеличивался, и к 1952 году легковые машины составили около 20%, а к 1960 — 27%. С 1974 года ежегодно выпускается более миллиона легковых автомашин, что превысило количество всех автомобилей, грузовых и легковых, выпущенных в России в 1970 году.

Таблица на следующей странице показывает рост автомобиле-строения в России /посмотрите, как быстро увеличивался процент легковых автомашин/.

год	общее количество	грузовые автомобили	легковые автомобили	% легковых автомобилей
1928	841	791	50	5.9%
1932	23.879	23.845	34	0.1%
1937	199.857	181.607	18.250	9.1%
1940	145.390	139.879	5.511	3.8%
1945	74.657	69.662	4.995	6.7%
1950	362.895	298.341	64.554	17.8%
1955	445.268	337.462	107.806	24.2%
1958	511.074	388.883	122.191	23.9%
1959	494.994	370.475	124.519	25.2%
1965	580.800	379.600	201.200	34.6%
1966	637.800	407.600	230.200	36.0%
1967	688.800	437.400	251.400	36.5%
1968	761.400	478.100	283.300	37.2%
1969	798.100	504.500	293.600	36.8%
1970	868.700	524.500	344.200	39.6%
1971	1.093.300	564.300	529.000	48.4%
1972	1.326.900	596.800	730.100	55.0%
1973	1.546.200	629.500	916.700	59.3%
1974	1.785.000	666.000	1.119.000	62.7%
1975	1.897.000	696.000	1.201.000	63.3%
1988	1.594.200	494.200	1.100.000	69.0%
1989	1.654.130	554.130	1.100.000	66.5%

СТАТЬЯ, НАПИСАННАЯ ЖУРНАЛИСТОМ

Статья, *которую написал журналист,* очень интересная.

Статья, *написанная журналистом* , очень интересная.

ТАБЛИЦА

(Страдательное причастие прошедшего времени)

Инфинитив	*Прошедшее время*	*Причастие*
заказать	заказал	заказ*анн*ый
заработать	заработал	зарабо*танн*ый
напечатать	напечатал	напеча*анн*ый
сделать	сделал	сдел*анн*ый
показать	показал	показ*анн*ый
встретить	встретил	встреч*енн*ый
изучить	изучил	изуч*енн*ый
купить	купил	купл*енн*ый
повторить	повторил	повтор*енн*ый
построить	построил	постро*енн*ый
объяснить	объяснил	объясн*ённ*ый
обсудить	обсудил	обсужд*ённ*ый
решить	решил	реш*ённ*ый
принести	принёс	принес*ённ*ый
перенести	перенёс	перенес*ённ*ый
взять	взял	вз*ят*ый
понять	понял	пон*ят*ый
принять	принял	прин*ят*ый
забыть	забыл	заб*ыт*ый
открыть	открыл	откр*ыт*ый

Упражнение 145

Напишите предложение с причастием.

Образец: А. Письмо, которое подписал директор, лежит на столе.
Письмо, ***подписанное директором***, лежит на столе.

Б. Оборудование, которое получили из России, очень хорошее.
Оборудование, ***полученное*** из России, очень хорошее.

1. Статья, которая напечатана в журнале, рассказывает о рабочих автозавода.
   Статья, ______________ в журнале, рассказывает о рабочих автозавода.

2. Длина моста, который построили через реку, около километра.
   Длина моста, ______________ через реку, около километра.

3. Я интересуюсь автомашинами, которые выпустили в прошлом году.
   Я интересуюсь автомашинами, ______________ в прошлом году.

4. Учитель объяснил все ошибки, которые сделал ученик.
   Учитель объяснил все ошибки, ______________

5. Когда начнётся совещание, которое директор перенёс на вторник?
   Когда начнётся совещание, ______________ на вторник?

6. Вы читали рассказ *"Мальчики"*, который написал Чехов?
   Вы читали рассказ *"Мальчики"*, ______________ ?

7. Как называется автомобиль, который импортировали из Европы?
   Как называется автомобиль, ______________ из Европы?

8. Что ты хочешь купить на деньги, которые заработал летом?
   Что ты хочешь купить на деньги, ______________ летом?

ИЗ ИСТОРИИ РОССИЙСКОЙ АВТОМОБИЛЬНОЙ ПРОМЫШЛЕННОСТИ
(Листаем страницы газет 80-х годов)
Часть 2

В России существуют легковые автомобили пяти марок. Каждый автозавод в России выпускает автомашины только одной марки. Эти заводы находятся в разных городах страны.

Марка	*Город*
"ЗИЛ"	Москва
"Волга	Нижний Новгород
"Жигули"	Тольятти
"Москвич"	Москва
"Москвич"	Ижевск

Завод в городе Тольятти — самый молодой из заводов, выпускающих легковые автомашины. Это очень большой современный автозавод. Его строительство, начатое в 1966 году, было закончено в 1970-ом.

Кроме городов, данных в таблице выше, заводы автомобильной промышленности есть ещё приблизительно в десяти городах. Но там выпускают грузовики, автобусы и т.д. Самый большой из этих заводов находится на реке Кама, около города Набережные Челны. Завод этот называется "КамАЗ" (Камский автомобильный завод). Это гигантский новый завод, выпускающий только грузовики. Когда его строительство закончилось, он начал производить ежегодно более четверти миллиона грузовых автомашин.

После Второй мировой войны число российских граждан, желающих купить машину, с каждым годом росло. Несмотря на быстрый рост автопромышленности, она не могла и всё ещё не может удовлетворить растущие потребности населения. Ежегодно количество легковых машин в Москве, например, увеличивается на 7-8%, но потребность в них растёт ещё быстрее. Желающим приходится записываться в очередь и ждать два-три года. Кроме того, цены на автомашины всё ещё очень высокие. Такие высокие, что большинству покупающих, если бы они могли каждую заработанную копейку отдать на покупку машины, нужно было бы работать много лет.

КЕМ НАПИСАНА СТАТЬЯ?

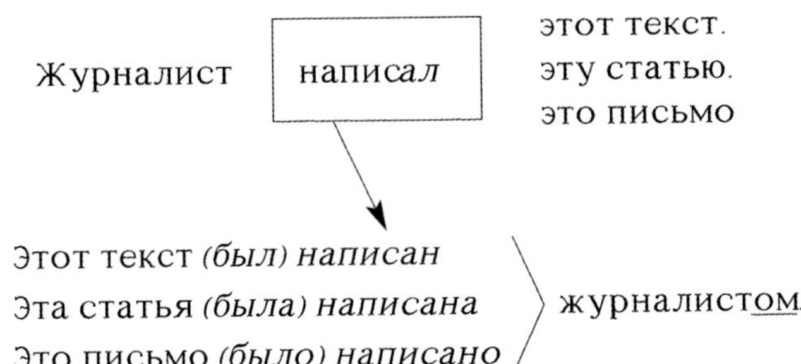

Этот текст *(был) написан*
Эта статья *(была) написана*
Это письмо *(было) написано*
журналистом.

Кто написал...?	*Кем был/будет написан...?*
журналист	журналистом
директор	директором
учитель	учителем
писатель	писателем
журналистка	журналисткой
женщина	женщиной
писательница	писательницей
ученица	ученицей
я	мной
ты	тобой
он	им
она	ею
мы	нами
они	ими

ТАБЛИЦА

(краткая форма страдательного причастия)

Инфинитив	*Причастие*	*Краткое причастие*
выпустить	выпущенный	выпущен
дать	данный	дан
добыть	добытый	добыт
заказать	заказанный	заказан
закрыть	закрытый	закрыт
записать	записанный	записан
заработать	заработанный	заработан
изготовить	изготовленный	изготовлен
изучить	изученный	изучен
импортировать	импортированный	импортирован
купить	купленный	куплен
напечатать	напечатанный	напечатан
написать	написанный	написан
объяснить	объяснённый	объяснён
отменить	отменённый	отменён
перенести	перенесённый	перенесён
повторить	повторенный	повторен
подписать	подписанный	подписан
показать	показанный	показан
послать	посланный	послан
подготовить	подготовленный	подготовлен
построить	построенный	построен
принести	принесённый	принесён
продать	проданный	продан
прописать	прописанный	прописан
рассказать	расказанный	рассказан
рекомендовать	рекомендованный	рекомендован
решить	решённый	решён
сделать	сделанный	сделан
сосчитать	сосчитанный	сосчитан
сказать	сказанный	сказан
увидеть	увиденный	увиден

Упражнение 146

Напишите краткое причастие.

Образец: Это здание _*построено*_ в 1950 году. */построить/*

1. Рассказ "В аптеке" ______________ Чеховым. */написать/*

2. В каком магазине ______________ ваше пальто? */купить/*

3. Журнал "Новый мир" ______________ из Москвы. */получать/*

4. Сколько новых автозаводов ______________ в России? */построить/*

5. Контракт ______________ по-русски и по-английски. */написать/*

6. Все ли документы уже______________? */напечатать/*

7. Когда был ______________ первый российский автомобиль? */выпустить/*

8. Сколько железа______________в вашей стране в прошлом году? */добывать/*

9. Из какой страны ______________ это оборудование? */импортировать/*

10. Проект завода ______________ российскими инженерами. */сделать/*

11. Кем ______________ это письмо? */подписать/*

12. Не все природные ресурсы земли ещё______________ */изучить/*

13. На какой день ______________ совещание? */назначать/*

14. Вчера в универмаге было______________очень много мужских костюмов. */продать/*

15. Артист, приехавший из Парижа, заболел, и его концерт ______________ */отменить/*

ИЗ ИСТОРИИ РОССИЙСКОЙ АВТОМОБИЛЬНОЙ ПРОМЫШЛЕННОСТИ
(Листаем страницы газет 80-х годов)
Часть 3

В 1966 году между Россией и Италией был подписан контракт о строительстве нового автозавода на Волге. Завод этот называется ВАЗ (Волжский автомобильный завод). Он был построен по проекту итальянской фирмы Фиат, разработанному совместно с российскими инженерами. Оборудование на заводе не только российское или итальянское, но и японское, английское, французское, венгерское, чехословацкое и югославское.

Вместе с заводом рос и город, новый город около старого, построенного ещё в 1738 году. Этот новый город-порт назвали Тольятти. Он находится на левом берегу Волги, в 1200 километрах к югу от Москвы. К 1976 году население города выросло до полумиллиона. В городе построены двенадцати-шестнадцатиэтажные жилые дома для строителей и рабочих заводов, около пятнадцати школ, двадцати больниц и поликлиник, много кинотеатров. В центре города широкий зелёный бульвар.

Общая территория завода приблизительно два миллиона квадратных метров. В 1968 году на строительстве завода работало 30 тысяч человек. Строители приехали из всех республик и районов страны. Особенно много приехало молодёжи. Российские и итальянские инженеры руководили их работой.

В 1970 году завод был построен и в августе дал стране первые легковые автомобили "Жигули" (Жигули — это название невысоких гор, около которых находится город Тольятти). В первый год ВАЗ выпускал только 100 автомобилей в сутки, а через шесть лет, в 1976 году, с конвейера завода сходило ежедневно 2.300 автомашин. Это значит, что завод давал 160 машин в час или один автомобиль каждые 22 секунды. Сто двадцать тысяч рабочих, инженеров и служащих работают на ВАЗ'е. Общая длина его конвейеров около двухсот километров.

Россия продаёт автомашины, изготовленные ВАЗ'ом , во многие страны Европы. Автомобили, идущие на экспорт, называются "Лада". Их можно видеть на дорогах Болгарии, Польши, Румынии, Финляндии, Швеции и многих других стран.

Упражнение 147

Напишите прилагательное.

Образец: В России развитая **индустрия**.
Россия — **индустриальная** страна.

1. Новые заводы-**гиганты** выросли на Волге и Каме.
   Эти ________________________ заводы дают стране грузовые и легковые автомобили.

2. Иран — страна, экспортирующая **нефть**.
   В Иране развита ________________________ промышленность.

3. В каком районе России добывают **уголь**?
   Кузбасс и Алтай ________________________ районы страны.

4. На фермах работают на российских **тракторах**.
   В стране есть несколько ________________________ заводов.

5. Каждое министерство планирует работу на **пять лет**.
   Все заводы министерства должны работать по ________________________ плану.

6. Николай купил новый спортивный **велосипед**.
   В свободное время он занимается ________________________ спортом.

7. Украина известна не только **сельским хозяйством**, но и **промышленностью**.
   Это ________________________ и ________________________ страна.

8. Я поеду отдыхать в деревню на **неделю**.
   В этом году у меня только ________________________ отпуск.

Упражнение 148

Найдите правильный ответ.

Образец: Судостроительная промышленность строит

____ а. самолёты

__✓__ б. теплоходы

____ в. автобусы

1. Число автозаводов в России...

____ а. растёт

____ б. не меняется

____ в. падает

2. Сталь делают из...

____ а. бетона и меди

____ б. нефти и пластмассы

____ в. железа и угля

3. Уголь отправляют ...

____ а. самолётом

____ б. по железной дороге

____ в. на легковой машине

4. Природные ресурсы нужно...

____ а. изготовлять

____ б. выпускать

____ в. добывать

Упражнение 149

А. Напишите глагол

Образец: импорт — ***импортировать***

1. выпуск ____________
2. добыча ____________
3. экспорт ____________
4. строитель ____________
5. дело ____________
6. развитие ____________
7. руководитель ____________
8. продажа ____________
9. производство ____________
10. жизнь ____________

Б. Напишите существительное

Образец: работать — ***работа***

1. планировать ____________
2. звонить ____________
3. покупать ____________
4. расти ____________
5. разговаривать ____________
6. встречаться ____________
7. торговать ____________
8. примерять ____________
9. переделывать ____________
10. принимать ____________

Глава 24

ЗВОНОК В ПОЛИКЛИНИКУ

Сейчас десять часов утра. В поликлинике звонит телефон.

Регистратор: Пятая поликлиника. Слушаю вас.
Степан: Пришлите, пожалуйста, врача на дом.
Регистратор: Какая у вас температура?
Степан: Тридцать семь.
Регистратор: Вам нужно прийти в поликлинику.
Степан: Почему? Я очень плохо себя чувствую.
Регистратор: Вы же знаете, что с такой температурой можно выходить из дома.
Степан: Да, но вчера у меня было почти тридцать девять.
Регистратор: Вчера мы бы прислали врача к вам, а сегодня вы можете прийти к нам.
Степан: Если бы я мог, я пришёл бы. Но, повторяю, я очень плохо себя чувствую.
Регистратор: Что с вами?
Степан: Очень болит голова, сильный кашель, болят ноги...
Регистратор: Хорошо. Сейчас посмотрю, что можно сделать. Врач сможет быть у вас после часа дня.
Степан: А раньше нельзя?
Регистратор: К сожалению, нет. Если бы вы позвонили до девяти утра, врач бы пришёл утром. Ваш адрес, фамилия, имя, отчество?
Степан: Скажите, а если бы...
Регистратор: Извините, у меня здесь большая очередь. Я не могу так долго с вами разговаривать. Если хотите, чтобы врач был у вас, адрес, пожалуйста!
Степан: Пожалуйста. Малая Парковая улица, дом 38, квартира 46. Панов Степан Филиппович.
Регистратор: Какой этаж?
Степан: Шестой. Из лифта направо.
Регистратор: Сколько вам лет?
Степан: Тридцать девять.
Регистратор: Врач будет после часа дня. Ждите.
Степан: Спасибо.

Упражнение 150

Найдите пару.

Что бы вы сделали,...?

Образец: – если бы заболели __**к**__

а. Взял бы такси.

б. Узнал бы по Интернету.

в. Пошёл бы наверх пешком.

г. Встал бы в очередь.

д. Смутился бы.

е. Надел бы плащ.

ж. Научился бы.

з. Принял бы приглашение.

и. Пришёл бы ещё раз.

к. Пошёл бы к врачу.

л. Позвонил бы ему.

1. – если бы захотели поговорить с другом____
2. – если бы шёл дождь____
3. – если бы опаздывали на поезд____
4. – если бы не знали номер телефона ____
5. – если бы лифт не работал ____
6. – если бы на почте была очередь ____
7. – если бы не узнали знакомого ____
8. – если бы получили приглашение в гости ____
9. – если бы не умели водить машину ____
10. – если бы не хотели ждать ____

Упражнение 151

Найдите пару.

а. У меня очень много дел.

б. Это невозможно! Их очень много.

в. Только секретарь.

г. Нет! Мой муж водит.

д. Телефон на столе в приёмной.

е. Да, на первом этаже.

ж. Поезжайте в торговый центр!

з. Пошли в коридор!

и. К сожалению, нет. Он занят.

к. В багажное отделение.

л. Когда оно начинается?

Образец: Кто может записать на приём?**_в_**

1. Здесь курить нельзя! ____
2. Вы умеете водить машину? ____
3. Я хочу купить модный костюм. ____
4. Почему вы не сможете пойти с нами в гости? ____
5. Куда нужно идти, чтобы получить багаж? ____
6. Сосчитайте, пожалуйста, яблоки на дереве! ____
7. Мы должны успеть на совещание. ____
8. Можно ли сделать переделку бесплатно? ____
9. Николаю нужно позвонить домой. ____
10. Могу я поговорить сейчас с директором? ____

ПРИЕЗД В МОСКВУ

Канадец Джеймс Бентон приехал в Москву в командировку. Он прилетел в международный аэропорт Шереметьево. Вместе с ним в самолёте в Москву летело много иностранцев. Большинство из них ехало путешествовать по России, некоторые, как и господин Бентон, по делам.

Когда прилетевшие сошли с самолёта, они пошли в багажное отделение получить свой багаж. После этого нужно было пройти таможню, где служащие таможни проверили, что у них в чемоданах и сумках. На это ушло приблизительно сорок минут.

Здание международного аэропорта Шереметьево большое и современное. Там есть рестораны, кафе, магазины, киоски и, конечно, кассы, где продают билеты на самолёты, летающие во многие страны мира. Господин Бентон купил в киоске сигареты, русскую и французскую газеты и пошёл в справочное бюро. Он хотел узнать, как можно доехать до гостиницы "Россия". Ему объяснили, что гостиница "Россия" находится в центре столицы, рядом с Красной площадью. Доехать туда можно на автобусе или на такси. Такси будет стоить недорого, и господин Бентон решил взять такси.

Номер в гостинице был заказан для него заранее, и ему нужно было только зарегистрироваться и заполнить бланк. Бланк был на двух языках - русском и английском. Господин Бентон изучал русский язык в школе Берлиц в Канаде и умел говорить, немного читать и писать по-русски. Он внимательно прочёл все вопросы и понял, что ему нетрудно ответить по-русски. Он написал своё имя и фамилию, название страны, откуда он прилетел, сколько времени он пробудет в России и зачем он приехал. После этого господин Бентон отдал заполненный бланк администратору и получил ключ от своего номера.

Номер его находился на девятом этаже с южной стороны гостиницы. Джеймс Бентон поднялся на девятый этаж на лифте. Там его встретила дежурная по этажу и показала, где находится его комната. Дежурная также сказала, что ему звонил Алексей Павлович Никитин из Министерства сельского хозяйства и просил передать, что придёт к господину Бентону в гостиницу в шесть часов. Джеймс Бентон посмотрел на часы. Оставалось не так много времени; он решил отдохнуть немного и ждать Алексея Павловича в номере.

Господин Бентон вошёл в свою комнату. Номер был небольшой, на одного, но очень светлый и приятный, с современной мебелью. Из большого окна были видны Москва-река и здания на другом берегу. Он стоял несколько минут и смотрел на незнакомый город, людей и машины. Потом позвонил в кафе гостиницы и попросил принести в номер кофе, булочку и два яйца, сел в удобное кресло, включил телевизор и начал смотреть фильм. Фильм был о Пскове, и Джеймс Бентон удивился, что он понимает почти всё, что рассказывают об этом городе.

Упражнение 152

Напишите правильную форму глагола.

Образец: А. Вчера вечером я **_читал_** Чехова. */читать/*

Б. Я **_прочёл_** пять рассказов. */читать/*

1. Где вы ______________ три года назад? */работать/*

2. Николай ______________ новую машину вчера. */покупать/*

3. В прошлом году завод ______________ выпускать станки новой марки. */начинать/*

4. Когда Пушкин был ребёнком, его семья ______________ в Москве. */жить/*

5. Каждый день, когда дети ______________ из школы, обед ______________ на столе. */приходить/ /стоять/*

6. Мы ______________ твоего звонка весь вечер. */ждать/*

7. Подруги обычно ______________ после работы. */встречаться/*

8. Кого ты ______________ на день рождения? */приглашать/*

9. С кем вы ______________ по телефону, когда я вошёл в комнату? */разговаривать/*

10. Кто-то ______________ мою книгу. Я не вижу её на столе. */брать/*

Упражнение 153

Где мы можем услышать...?

Образец: "Все билеты проданы".

__✓__ а. в кассе

______ б. в поликлинике

______ в. на фабрике

1. "Отдел мужских костюмов на втором этаже".

______ а. на почте

______ б. в универмаге

______ в. в министерстве

2. "Говорит Москва. Московское время шесть часов утра".

______ а. в банке

______ б. на фабрике

______ в. по радио

3. "Принесите, пожалуйста, ещё кофе!"

______ а. в ресторане

______ б. на улице

______ в. в компании

4. “Вы набрали неправильный номер”.

______ а. в гостинице

______ б. по телефону

______ в. по телевизору

Упражнение 154

Напишите антонимы.

Образец: покупать *продавать*

1. экспорт ____________
2. посылать ____________
3. назначать ____________
4. перед тем как ____________
5. успеть ____________
6. здоровый ____________
7. заканчивать ____________
8. простудиться ____________
9. надолго ____________
10. из-за границы ____________
11. подчиняться ____________
12. предлагать ____________
13. тёмный ____________
14. ещё не ____________
15. приблизительно ____________
16. наверх ____________
17. отказываться (от) ____________
18. лёгкая одежда ____________
19. включать ____________
20. продукт ____________
21. терять ____________
22. можно ____________

ПРИРОДНЫЕ БОГАТСТВА РОССИИ

Россия — одна из самых больших стран в мире. Эта страна очень богата природными ресурсами. На территории России можно найти всё — нефть, железо, золото, серебро, медь, уголь, природный газ и т.д. Содружество Независимых Государств (СНГ), куда вошли республики бывшего Советского Союза, в том числе и Россия, занимает первое место в мире по добыче железа. По производству стали и бетона СНГ тоже на первом месте, перед США и Японией.

Хотя вся территория России богата природными ресурсами, есть районы и части страны особенно известные этим. Это Урал, Донбасс, Кузбасс, районы Волги, Северный Кавказ.

До революции 1917 года природные ресурсы России были мало изучены, их добывали только на 10% территории страны. Старая Россия была страной сельскохозяйственной. После революции страна начала изучать свои природные богатства. Нужно было строить свою индустрию, развивать экономику. И к концу двадцатых годов это была уже не только сельскохозяйственная страна, но и индустриальная. В восточной части страны, в Сибири, были найдены новые районы, богатые природными ресурсами. Здесь начали развивать нефтяную и газовую промышленность. Изучение природных ресурсов страны всё время продолжается.

Если в первые тридцать-сорок лет все природные богатства, которые добывали в стране, шли на удовлетворение потребностей промышленности страны для развития большой индустрии, то в последние годы страны СНГ начали экспортировать часть своего сырья и продукции. Современные методы и оборудование сделали возможным увеличить добычу, поднять уровень производства и производить и добывать больше, чем нужно только для своей промышленности и сельского хозяйства.

Большая часть экспорта России идёт в республики бывшего Советского Союза и в страны Восточной Европы. В настоящее время растёт процент экспорта и в страны Западной Европы.

Упражнение 155

Напишите прилагательное.

Образец: пластмасса *пластмассовый*

1. уголь __________
2. нефть __________
3. промышленность __________
4. гигант __________
5. счастье __________
6. здоровье __________
7. проект __________
8. дети __________
9. строитель __________
10. индустрия __________
11. длина __________
12. велосипед __________
13. обувь __________
14. автомобиль __________
15. богатство __________
16. год __________
17. месяц __________
18. неделя __________
19. пять лет __________
20. прибыль __________
21. сельское хозяйство __________
22. трактор __________

ЧИТАЯ ГАЗЕТУ

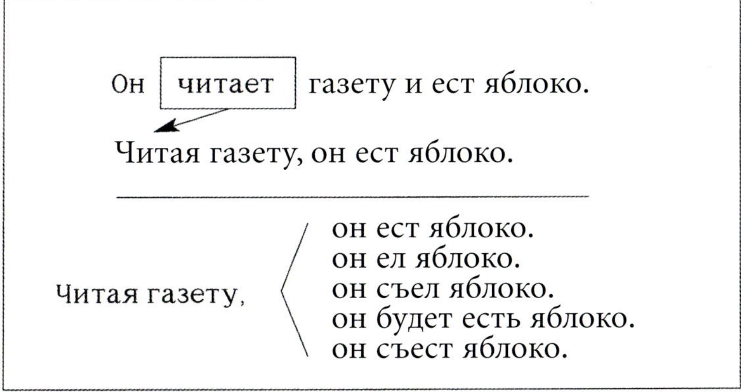

ТАБЛИЦА

(Деепричастие от глаголов несовершенного вида)

-ут (наст.вр.)		*-я*	*-еют (наст.вр.) -*		*ея*
брать	берут	беря	иметь	имеют	имея
жить	живут	живя	уметь	умеют	умея
-ют (наст.вр.)		*-я*	*-шат (наст.вр.)*		*-ша*
думать	думают	думая	слышать	слышат	слыша
работать	работают	работая	спешить	спешат	спеша
-ят(наст.вр.)		*-я*	*-ться*	*(инф)*	*-ясь*
говорить	говорят	говоря	встречаться	встречаются	встречаясь
смотреть	смотрят	смотря	здороваться	здороваются	здороваясь

Упражнение 156

Напишите одно предложение с деепричастием.

Образец: Пётр гулял в парке. Он встретил своего коллегу.
Гуляя в парке, Пётр встретил своего коллегу .

1. Мы не знаем этого района. Мы не можем найти хорошее кафе.

2. Страна строит промышленность. Страна становится богаче.

3. Я буду отдыхать вечером. Я буду слушать музыку.

4. Николай хорошо зарабатывает. Он решил купить новую мебель.

5. Ты изучаешь русский язык. Ты скоро сможешь говорить по-русски.

6. Дети смотрели телевизор. Они пили молоко.

7. Вы разговаривали по телефону. Вы пригласили друга в гости.

8. Я читаю российские газеты. Я узнаю много нового о России.

9. Мы всегда встаём рано. Мы никогда не спешим утром.

10. Ученики встречаются в школе. Они говорят только по-русски.

ПРОЧТЯ ГАЗЕТУ

Прочтя газету, он кладёт её на стол.

ДЕЕПРИЧАСТИЕ ОТ ГЛАГОЛОВ СОВЕРШЕННОГО ВИДА

-ут (буд.вр.)		*-я*	*-ил (прош.вр.)*		*-ив*
прийти	придут	**придя**	встретить	встретил	**встретив**
принести	принесут	**принеся**	изучить	изучил	**изучив**
увидеть	увидят	**увидя**	купить	купил	**купив**
-ал (прош.вр.)		*-ав*	*-ял (прош. вр.)*		*-яв*
написать	написал	**написав**	взять	взял	**взяв**
показать	показал	**показав**	погулять	погулял	**погуляв**
узнать	узнал	**узнав**	потерять	потерял	**потеряв**
-ел (прош. вр.)		*-ев*	*-ыл (прош. вр.)*		*-ыв*
надеть	надел	**надев**	добыть	добыл	**добыв**
посмотреть	посмотрел	**посмотрев**	открыть	открыл	**открыв**
успеть	успел	**успев**	пробыть	пробыл	**пробыв**

-ться (инф.)		*-вшись*
встретиться	встретился	**встретившись**
записаться	записался	**записавшись**
подняться	поднялся	**поднявшись**

Упражнение 157

Образец: Я закончил работу. Я пошёл домой.

Закончив работу, я пошёл домой.

1. Покупатель заплатил в кассу. Он взял покупку.

2. Ты не спросил адреса. Ты не смог найти музей.

3. Инженеры попрощались с директором. Они вышли из кабинета.

4. Николай заказал обед. Он начал читать газету.

5. Ольга увидела свою знакомую. Она подошла к ней.

6. Я не посмотрел, который час. Я опоздал на автобус.

7. Страна построила свою индустрию. Страна стала индустриальной.

8. Директор подписал план работы. Он повесил его на стену.

9. Вы не записали номер телефона. Вы не смогли позвонить.

10. Мы встретили друзей в аэропорту. Мы поехали с ними в гостиницу.

Упражнение 158

Образец: Я смотрю в телефонную книгу. Я набираю номер.
Смотря в телефонную книгу, я набираю номер.

Я посмотрел в телефонную книгу. Я набрал номер.
Посмотрев в телефонную книгу, я набрал номер.

1. Вы не успели на поезд. Вы опоздали на работу.

2. Мы купили новую машину. Мы поехали в отпуск.

3. Страны торгуют друг с другом. Они развивают свою экономику.

4. Директор проработал в учреждении много лет. Он знает всех служащих.

5. Я начал заниматься спортом. Я почувствовал себя лучше.

6. Дети купили билеты. Они вошли в кинотеатр.

7. Нина гуляет по парку. Она любит смотреть на деревья и цветы.

8. Россия строит новые автозаводы. Россия планирует выпускать больше автомобилей.

9. Инженеры обсудили план работы. Они попросили секретаря напечатать его.

НЕСКОЛЬКО СЛОВ К НАШИМ УЧЕНИКАМ

Дорогие наши ученики!

Вот вы и закончили наш курс русского языка. Вы многому научились и теперь уже не ученики, начинающие изучать незнакомый вам язык.

В начале этой книги есть предисловие, в котором рассказывается о методе Берлиц. Это предисловие написано по-русски. Мы написали его для ваших учителей. А сейчас вы сами можете прочесть и понять его. Закончив курс русского языка в школе Берлиц, вы можете лучше понять наш метод.

Помните ли вы свой первый урок? Вы не знали ни одного слова, но ваш учитель с первой минуты начал говорить с вами только по-русски. Вначале всё было для вас новым и неизвестным, и вы могли только повторять слова за учителем. Потом вы начали отвечать на вопросы. Вначале вы говорили с учителем только о том, что видели в классе или на картинках. Потом вы смогли рассказать о своей семье, работе, друзьях.

В нашем курсе мы говорили о многом: о погоде, климате, отдыхе, о странах и национальностях. Не выходя из класса, вы с вашим учителем посетили прекрасные города России, обедали в ресторане с русской кухней. Вы разговаривали с администратором гостиницы, спрашивали у милиционера, как пройти или проехать, звонили по телефону, ходили к врачу.

Мы познакомились с нашим другом Михаилом Петровичем Комаровым, с его семьёй и секретарём Таней. Они помогли нам узнать о работе руководителя учреждения и секретаря.

Конечно, один курс не может дать всё. Если вы решите продолжить изучение русского языка с нами, мы поможем вам узнать ещё больше, расширить ваши знания.

Благодарим вас за то, что вы выбрали нашу школу, и за ваше внимание. Надеемся, что время, проведённое с нами, было для вас приятным и полезным.

Это и конец вашего курса русского языка, и в то же время только начало. Теперь вы сами должны решить, что вы будете делать с вашим новым языком. Встречайтесь с друзьями и знакомыми, говорящими по-русски; если идёт фильм на русском языке, обязательно посмотрите его.

Три латинских слова, изаестных уже много-много лет, точно говорят, что нужно делать: "Loqui Loquendo Discitur" — "Говорить учатся говоря".

КЛЮЧ К УПРАЖНЕНИЯМ

Упражнение 1

А. 1. я 2. вы 3. это 4. нет 5. пол 6. стол 7. город 8. журнал 9. автобус 10. телефон 11. карандаш 12. коричневый

Б. 1. Я-ученик. 2. Это автобус. 3 Вокзал здесь или там? 4. Карта не на полу, а на стене. 5. Этот стул не жёлтый и не красный. 6. Чёрная машина в гараже. 7. Тот самолёт белый 8. Какой это номер телефона? 9. Эта улица очень короткая. 10. Сколько будет два и два? 11. Какого цвета тот большой автобус? 12. Павел не учитель, а ученик.

Упражнение 2

1. Это машина. 2. Это лампа. 3. Это стол. 4. Это теплоход. 5. Это книга. 6. Это поезд. 7. Это телефон 8. Это ручка. 9. Это самолёт. 10. Это галстук.

Упражнение 3

1. Да, это автобус. 2. Нет, это не поезд. 3. Это машина. 4. Нет, это не телефон. 5. Нет, это не лампа. 6. Это стол. 7. Нет, это не поезд. 8. Это теплоход. 9. Да, это телефон. 10. Это лампа.

Упражнение 4

1. Город не большой, а маленький. 2. Журнал не маленький, а большой. 3. Карандаш не длинный, а короткий. 4. Улица не короткая, а длинная. 5. Бумага не чёрная, а белая. 6. Телефон не белый, а чёрный. 7. Лампа не красная, а зелёная. 8. Самолёт не серый, а белый. 9. Машина не зелёная, а синяя. 10. Собака не жёлтая, а коричневая. 11. Поезд не синий, а серый. 12. Стул не коричневый, а чёрный.

Упражнение 5

1. Журнал на стуле. 2. Машина в гараже. 3. Карта на стене. 4. Теплоход в порту.

Упражнение 6

1. Семь и два - девять. 2. Двадцать минус девятнадцать - один. 3. Шесть и четыре - десять. 4. Восемнадцать минус одиннадцать - семь. 5. Шесть и одиннадцать - семнадцать.

Упражнение 7

1. англичанин 2. русская 3. немец 4. итальянка 5. румын 6. испанец 7. японка 8. поляк 9. канадец 10. швед

Упражнение 8

1. Да, она на стене. 2. Нет, он не белый. 3. Да, она на улице. 4. Нет, она не врач. 5. Да, она большая. 6. Да, оно большое. 7. Нет, она не в Америке. 8. Нет, оно не в России. 9. Да, оно красивое. 10. Нет, он не на стуле.

Упражнение 9

1. Я не знаю, где он. 2. Я не знаю, кто он. 3. Я не знаю, что это. 4. Я не знаю, кто она. 5. Я не знаю, где она. 6. Я не знаю, какого она цвета. 7. Я не знаю, какой он. 8. Я не знаю, какого она цвета. 9. Я не знаю, какое оно. 10. Я не знаю, какого оно цвета.

Упражнение 10

1. ученица 2. господин 3. инженер 4. мужчина 5. мальчик 6. врач 7. журналист 8. россиянка

Упражнение 11

1. Это карта России. 2. Россия - большая страна. 3. Красная площадь в Москве. 4. Санкт-Петербург в Европе. 5. Да, Санкт-Петербург - порт. 6. Нет, Волга не порт. 7. Волга - река. 8. Волга очень длинная река. 9. Нет, Нева - короткая река. 10. Нет, город Иркутск не в Европе. 11. Город Иркутск в Азии. 12. Байкал - озеро.

Упражнение 12

1. шестьдесят два 2. тридцать четыре 3. пятьдесят восемь 4. сорок шесть 5. двадцать один

Упражнение 12 (продолжение)

6. девяносто восемь 7. восемьдесят пять 8. тридцать три 9. шестьдесят девять 10. семьдесят семь

Упражнение 13

1. Какого цвета книга? 2. Где книга? 3. Какая это книга? 4. Какая книга на полу? 5. Какой это город? 6. Какой карандаш на стуле? 7. Что на стене? 8. Что это за карта? 9. Что такое Россия? 10. Какое это озеро? 11. Где этот город? 12. Кто в школе?

Упражнение 14

1. Нет, господин Дюваль не на улице. 2. Он в ресторане. 3. Этот ресторан в Москве. 4. Господин Дюваль сидит. 5. Он сидит с госпожой Дюваль. 6. Он говорит с официантом. 7. Официант стоит перед столом. 8. Господин Дюваль говорит с официантом о меню. 9. Он говорит с официантом по-русски. 10. Нет, госпожа Дюваль не говорит по-русски. 11. Да, она говорит по-английски. 12. Она говорит с господином Дювалем по-французски.

Упражнение 15

1. Молоко в чашке. Это чашка молока. 2. Йогурт в пакете. Это пакет йогурта. 3. Чай в стакане. Это стакан чая. 4. Вино в буылке. Это бутылка вина. 5. Вода в стакане. Это стакан воды. 6. Кофе в чашке. Это чашка кофе.

Упражнение 16

1. Вы сидите в машине. Я сижу в машине. Женщина сидит в машине. 2. Я лежу на диване. Мы лежим на диване. Вы лежите на диване. 3. Я говорю по-русски. Девочка говорит по-русски. Мы говорим по-русски. 4. Я говорю с учителем. Мы говорим с учителем. Вы говорите с учителем. 5. Я стою перед окном. Вы стоите перед окном. Мы стоим перед окном.

Упражнение 17

1. На картинке офис. 2. Эта фирма в Москве. 3. Таня сидит за столом. 4. Перед ней стоит компьютер. 5. Компьютер стоит на столе. 6. Под столом стоит сумка. 7. Окно за Таней. 8. Под дверью лежит газета. 9. Газета лежит за ним. 10. Стол стоит перед директором. 11. Нет, он говорит с Таней. 12 Он говорит о письме.

Упражнение 18

1. дверью 2. кресле 3. углу 4. стене 5. машиной 6. врачом 7. коробке 8. окном 9. картой 10. коробкой и пачкой

Упражнение 19 1. Это американская машина. 2. Это российская/русская газета. 3. Это американский самолёт. 4. Это итальянское вино. 5. Это российский/русский журнал. 6. Это русская машина 7. Это американская ручка. 8. Это английская газета 9. Это русская водка. 10. Это немецкое пиво. 11. Это русская река. 12. Это немецкий город.

Упражнение 20 1. двести восемнадцать 2. шестьсот пятьдесят четыре 3. триста восемьдесят один 4. сто девяносто два 5. восемьсот пятнадцать 6. четыреста сорок четыре 7. пятьсот тридцать девять 8. семьсот двенадцать 9. девятьсот семьдесят три 10. сто девять 11. четыреста шестьдесят 12. восемьсот двадцать семь 13. триста тридцать пять 14. девятьсот один 15. тысяча

Упражнение 21 1. её 2. наша 3. моё 4. ваша

Упражнение 22 1. Это сумка Анны. 2. Это журнал ученика. 3. Это дверь школы. 4. Это пейджер директора. 5. Это ребёнок госпожи Смирновой. 6. Это ручка Михаила. 7. Это улица города. 8. Это машина господина Петрова. 9. Это номер телефона. 10. Это карта Германии.

Упражнение 23 1. окна 2. телевизора 3. жакета 4. кофе 5. кресла 6. собаки 7. чая 8. письма 9. машины 10. карты

Упражнение 24 1. гаража 2. кармана 3. стола 4. акцента 5. реки 6. двери 7. рекламы 8. буквы "я" 9. компьютера

Упражнение 25 1. Здесь ничего не лежит. 2. В кресле никто не сидит. 3. Никто не стоит за дверью. 4. На стене ничего не висит. 5. В комнате никого нет. 6. Ученик ничего не говорит. 7. В кармане ничего нет. 8. В машине никто не сидит. 9. В коридоре никто не говорит. 10. В бумажнике ничего нет.

Упражнение 26 1. Это кафе. 2. Нет, Таня не знает этого кафе. 3. Это кафе "Москва". 4. Да, это хорошее кафе. 5. Таня говорит: "Здесь очень приятно." 6. Это кафе находится в городе. 7. Нет, в кафе не Виктор и Ольга. 8. В кафе Павел и Таня. 9. Официант стоит. 10. Меню лежит на столе. 11. В чашке кофе. 12. В чашке кофе без молока.

Упражнение 27

1. этом маленьком классе 2. моём коричневом столе 3. этой белой стене 4. этой красивой улице 5. моём новом мобильном телефоне 6. вашей маленькой комнате 7. том синем кресле 8. этой интересной книге 9. этом хорошем журналисте 10. вашей итальянской машине

Упражнение 28

1. хорошего ресторана 2. большой площади 3. длинного коридора 4. красной книги 5. вкусного вина 6. короткого карандаша 7. синего кресла 8. нового диска

Упражнение 29

1. Визитная карточка маленькая. 2. Это карточка Михаила Комарова. 3. Его имя и отчество - Михаил Петрович. 4. Господин Комаров - менеджер. 5. Он работает в большой фирме в Москве. 6. Его рабочий номер телефона - 151-34-17. 7. Адрес его фирмы - улица Чехова, дом 28. 8. На другой картинке письмо и конверт. 9. На конверте адрес господина Комарова. 10. Это его домашний адрес. 11. Домашний адрес господина Комарова - Тверская улица, дом номер 17, квартира 11. 12. Его квартира в большом красивом доме.

Упражнение 30

1. в ресторане 2. в офисе 3. в университете 4. в больнице 5. в школе 6. в журнале 7. в магазине 8. на заводе 9. в театре 10. в фирме.

Упражнение 31

1. На реке Неве стоит город Санкт-Петербург. 2. Санкт-Петербург - большой город. 3. Улица в центре города называется Невский проспект. 4. Музей “Эрмитаж” находится на Дворцовой площади. 5. Сергей Смирнов живёт в Санкт-Петербурге. 6. Да, это правда. 7. В Санкт-Петербрурге есть прекрасный университет. 8. По профессии Сергей Смирнов врач. 9. Он живёт на востоке города. 10 Он работает в больнице. 11. Эта больница находится в большом здании на юге Санкт-Петербурга.

Упражнение 32

1. Да, вы учитель. 2. Вы работаете в школе **Берлиц**. 3. Вы преподаёте русский язык. 4. Ваш ученик сидит перед вами на стуле. 5. Фамилия этого человека Россини. 6. Он итальянец. 7. Господин Россини изучает русский язык в школе. 8. Он журналист. 9. Он из Рима. 10. Господин Россини живёт и работает в России. 11. Да, на стене висит карта. 12. Это карта Европы.

Упражнение 33

1. ...изучаете русский язык. 2. ...преподаю английский. 3. ...рассказываете о России. 4. ...находимся в центре города. 5. ...делаю упражнение. 6. ...нахожусь на юге России. 7. ...живём в столице. 8. ...говорит по-русски и по-английски.

Упражнение 34

1. ...маленькую чёрную машинку. ...маленькой чёрной машинки. 2. ...этот синий костюм. ...этот синий костюм? 3. ...эту русскую газету. ...эту русскую газету. 4. ...белое итальянское вино? ...белого итальянского вина. 5. ...компьютерный диск. ...компьютерный диск? 6. ...русскую литературу. ...русскую литературу?

Упражнение 35

1. бумажнике; бумажника; бумажник 2. кармане; кармана; карман 3. сумке; сумки; сумку 4. полу; пола; пол 5. столике; столик; столика

Упражнение 36

1. а. ...встаю со стула. б. Я беру бумажник из кармана брюк. в. Я открываю бумажник. г. Я беру деньги из бумажника. д. Я закрываю бумажник. е. Я кладу деньги в карман рубашки. ж. Я зову официанта. 2. а. ...встаёте со стула. б. Вы берёте бумажник из кармана брюк. в. Вы открываете бумажник. г. Вы берёте деньги из бумажника. д. Вы закрываете бумажник. е. Вы кладёте деньги в карман рубашки. ж. Вы зовёте официанта.

Упражнение 37

1. своём классе; нашем классе 2. своим столом; её столом 3. нашем методе; своём методе 4. своём доме; его доме 5. своём кабинете; его кабинете 6. своей школы; нашей школы

Упражнение 38

1. ...улицы длинные. 2. ...мальчики русские. 3. ...озёра маленькие. 4. ...машины итальянские. 5. ...автобусы красные 6. ...школы хорошие. 7. ...журналы интересные. 8. ...компьютеры японские. 9. ...здания большие. 10. ...рубашки белые.

Упражнение 39

1. ...учеников. 2. ...журналов. 3. ...автобусов. 4...окон. 5. ...магазинов 6. ...продавцов. 7. ...врачей. 8. ...фруктов. 9. ...денег. 10. ...газет. 11. ...теплоходов. 12. ...отелей.

Упражнение 40

1. Елена сейчас в Москве. 2. Она стоит на Красной площади. 3. Кремль перед Еленой. 4. Красная площадь очень большая и красивая.

Упражнение 40 (продолжение)

5. Она находится в центре Москвы. 6. Нет, я не знаю, кто стоит с Еленой на Красной площади. 7. Алексей живёт в Одессе. 8. Его адрес - Одесса-117444, улица Пастера, дом 25, квартира 6.

Упражнение 41

1. журналистка 2. русский 3. ученица 4. официантка 5. мальчик 6. подруга 7. мужчина 8. госпожа 9. Попова 10. врач 11. турист 12. шведка 13. министр 14. продавец 15. экономист 16. жена 17. актёр 18. писатель 19. иностранка 20. немка

Упражнение 42

1. ж 2. в 3. б 4. е 5. л 6. д 7. и 8. к 9. з 10. а

Упражнение 43

1. ...говорите с преподавателем. ...говорим с преподавателем. 2. ... берёте ключи из сумки. ...берёт ключи из сумки. 3. ...сейчас делаю? ...сейчас делаем? 4. ...открывает дверь или закрывает? ...открываю дверь или закрываю? 5. ...думаете о работе в Москве. ...думает о работе в Москве. 6. ...садимся на стул перед уроком. ...сажусь на стул перед уроком.

Упражнение 44

1. Где машина? 2. Откуда этот текст? 3. В какой стране мы живём? 4. Какого цвета ваша книга? 5. Чья это газета? 6. Кто это? 7. Какая это программа? 8. Что ещё на картинке? 9. На каком языке говорит учитель? 10. Что мы сейчас делаем?

Упражнение 45

1. Лондоне 2. стол 3. телефону 4. вами 5. бумажника 6. гаража 7. стула 8. учителем 9. дверью и окном 10. стене 11. машине 12. вами 13. Киева 14. площади 15. ящик 16. больницей 17. университета 18. центре 19. городом 20. школе

Упражнение 46

столом, дверью, окном, столе, журнале, фото, вокзалом, машине, столе, журналом, лампой, телефону, госпожой, Поповой, премьере, театре, комнате, полу, столом

Упражнение 47

1. над машиной 2. за машиной 3. на машине 4. на поезде 5. перед поездом 6. перед вами 7. с вами 8. с секретарём 9. с молоком 10. без молока 11. без вина 12. в чашке 13. перед чашкой 14. перед учителем 15. с учителем 16. с девушкой 17. с вами 18. перед вами 19. перед окном 20. в окне

Упражнение 48 1. ...кто-то говорит по телефону. ...никто не говорит по телефону. 2. ...что-то лежит в конверте. ...ничего не лежит в конверте. 3. ...кто-то сидит в кресле. ...никто не сидит в кресле. 4. ...что-то висит на стене. ... ничего не висит на стене. 5. ...кто-то работает в этой комнате. ... никто не работает в этой комнате. 6. ...что-то есть по телевизору. ...ничего нет по телевизору.

Упражнение 49 1. короткий 2. узкий 3. она 4. за 5. неправильно 6. белый 7. под 8. нет 9. там 10. что-то 11. мальчик 12. закрывать 13. с 14. откуда? 15. на юге 16. никто 17. женщина 18. Возьмите...!

Упражнение 50 1. ...акцента. 2. ...учителя нет акцента 3. У учителя нет галстука 4. У меня нет галстука 5. У меня нет карандаша. 6. У девочки нет карандаша. 7. У девочки нет журнала. 8. У Павла нет журнала. 9. У Павла нет сумки 10. У нас нет сумки 11. У нас нет билетов. 12. У продавца нет билетов. 13. У продавца нет детей. 14. У секретаря нет детей. 15. У секретаря нет письма.

Упражнение 51 1. а. ...Италии. б. Они говорят по-итальянски. в. У них итальянский паспорт. 2. а. Она из Германии. б. Она говорит по-немецки. в. У неё немецкий паспорт. 3. а. Я из России. б. Я говорю по-русски. в. У меня российский паспорт. 4. а. Он из Японии. б. Он говорит по-японски. в. У него японский паспорт. 5. а. Вы из Польши. б. Вы говорите по-польски. в. У вас польский паспорт. 6. а. Они из Болгарии. б. Они говорят по-болгарски. в. У них болгарский паспорт. 7. а. Они из Англии. б. Они говорят по-английски. в. У них английский паспорт. 8. а. Мы из Испании. б. Мы говорим по-испански. в. У нас испанский паспорт. 9. а. Он из Америки. б. Он говорит по-английски. в. У него американский паспорт. 10. а. Он из Казахстана. б. Он говорит по-казахски. в. У него казахский паспорт.

Упражнение 52 1. журнала; журналов 2. окна; окон 3. ресторана; ресторанов 4. квартиры; квартир 5. телефона; телефонов 6. лампы; ламп

Упражнение 53 1. На странице 92 - диалог. 2. Этот диалог называется “Вы тоже работаете здесь?” 3. Нет, они в офисе. 4. Они секретари. 5. Да, я знаю, как фамилия

Упражнение 53 (продолжение)

Лены. 6. Нет, она не секретарь господина Петрова. 7. Нет, она не сидит в его кабинете. 8. Лена работает у менеджера Леоновой. 9. Нет, Ольга не знает, где кабинет Степанова. 10. Да, Лена знает. 11. Его кабинет находится напротив. 12. У Ольги есть письмо для Степанова.

Упражнение 54

1. а. ...меньше страниц, чем в книге. б. ...больше страниц, чем в журнале. 2. а. ...меньше окон, чем в том здании. б. ...больше окон, чем в этом доме. 3. а. ...больше детей, чем у Красновой. б. ...меньше детей, чем у Смирновой. 4. а. ...больше студентов, чем в вашей. б. ...меньше студентов, чем в моей. 5. а. ...меньше официатов, чем в ресторане. б. ...больше официантов, чем в кафе. 6. а. ...меньше рубашек, чем в чемодане. б. ...больше рубашек, чем на стуле.

Упражнение 55

1. Госпожа Морган сидит в кабинете директора школы. 2. Эта школа называется **Берлиц**. 3. Госпожа Морган - англичанка. 4. Она изучает русский язык. 5. Госпожа Морган разговаривает с директором школы о методе **Берлиц**. 6. Ученик школы **Берлиц** говорит в классе. 7. Она говорит по-русски в школе. 8. Да, она говорит по-русски хорошо. 9. Нет, госпожа Морган не читает книгу в школе. 10. Она делает упражнения дома. 11. Да, она их делает правильно. 12. Да, сейчас госпожа Морган понимает метод **Берлиц**.

Упражнение 56

1. В семье Комаровых пять человек. 2. Да, все Комаровы сейчас дома. 3. Да, я знаю, как зовут жену Комарова. Её зовут Мария. 4. У Комаровых три ребёнка. 5. Их зовут Костя, Лариса и Вера. 6. Костя сидит на полу. 7. Да, у Комаровых есть собака. 8. Она сидит в комнате.

Упражнение 57

1. жена 2. сестра 3. отец 4. дети 5. мать 6. родители 7. сын 8. дочь

Упражнение 58

1. я; меня 2. её; её 3. он; его 4. мы; нас 5. их; их

Упражнение 59

1. Эти два человека на улице. 2. Она называется Комсомольская площадь. 3. Серое здание перед площадью. 4. Здание с большими дверями красное. 5. Нет, на Комсомольской площади не пять вокзалов. 6. Там меньше, чем пять вокзалов. 7. Там

Упражнение 59 (продолжение)

три вокзала. 8. Нет, Ленинградский вокзал находится не в белом здании. 9. Он в большом жёлтом здании. 10. Нет, мы не знаем названия других вокзалов.

Упражнение 60

1. эту тетрадь; её 2. это слово; его 3. господина Исаева; его 4. это упражнение; его 5. этот город; его 6. эту девочку; её

Упражнение 61

1. В русском алфавите 33 буквы. 2. В русском алфавите больше букв. 3. Мы пишем имена людей с большой буквы. 4. "Окно" - это слово. 5. В этом слове две одинаковые буквы. 6. Это буквы "о". 7. Это не слово и не буква. 8. Это предложение. 9. В этом предложении два слова. 10. В этом предложении шесть слов. 11. Последнее слово - "дверь". 12. Последняя буква в слове "дверь" называется "мягкий знак".

Упражнение 62

1. Этот текст на двадцатой странице. 2. Николай работает на одиннадцатом этаже. 3. Мы делаем шестьдесят второе упражнени. 4. Мария живёт в шестнадцатой квартире. 5. Буква "б" вторая в алфавите. 6. Этот текст кончается на двадцать первой странице. 7. Я сейчас пишу седьмое предложение. 8. Телефон есть в первой комнате.

Упражнение 63

1. Я вижу три бутылки. 2. Эти бутылки стоят на столе. 3. Бутылка вина больше. 4. Бутылка пива самая маленькая. 5. Бутылка пива дешевле, чем бутылка вина. 6. Эта бутылка пива стоит 40 рублей. 7. В этой бутылке немецкое пиво. 8. Бутылка вина стоит больше, чем бутылка водки. 9. Да, это вино дорогое. 10. В этой бутылке французское вино. 11. В бутылке русская водка. 12. Эта бутылка водки стоит 70 рублей.

Упражнение 64

1. больше 2. самое высокое 3. длиннее 4. лучше 5. самый большой 6. самый интересный

Упражнение 65

1. Секретари работают в тех комнатах. 2. Мальчики рассказывают о своих друзьях. 3. Ученики сидят на жёлтых стульях. 4. Журналисты пишут о французских актрисах. 5. Лампы стоят на маленьких столиках. 6. Учителя говорят о больших городах. 7. Памятники стоят на других площадях. 8. Рабочие живут в высоких зданиях.

Упражнение 66

думаю, думаете, думает, думаем, думают
читаю, читаете, читает, читаем, читают
живу, живёте, живёт, живём, живут
изучаю, изучаете, изучает, изучаем, изучают
лежу, лежите, лежит, лежим, лежат

встаю, встаёте, встаёт, встаём, встают
открываю, открываете, открывает, открываем, открывают
беру, берёте, берёт, берём, берут
сижу, сидите, сидит, сидим, сидят
пишу, пишите, пишет, пишем, пишут

Упражнение 67

1. Два человека разговаривают о концертах. 2. Кассир говорит, что у них два концерта. 3. Нет, второй концерт начинается не в семь часов. 4. Он начинается ровно в восемь часов. 5. Он кончается около одиннадцати. 6. Второй концерт продолжается три часа. 7. Да, он продолжается дольше, чем первый. 8. Первый концерт продолжается меньше. 9. Он продолжается полтора часа. 10. Нет, сейчас не десять часов. 11. Сейчас половина одиннадцатого. 12. Кассир отвечает на вопросы Сергея.

Упражнение 68

1. Половина шестого. 2. Десять минут восьмого. 3. Десять часов. 4. Четверть десятого. 5. Четверть пятого. 6. Пять минут десятого. 7. Без десяти семь. 8. Четверть второго. 9. Четыре часа. 10. Без четверти три.

Упражнение 69

1. Этот диалог называется: “Покажите мне книгу, пожалуйста!” 2. Нет, это разговор не между двумя женщинами. 3. Этот разговор между женщиной и мужчиной. 4. Таня разговаривает с Павлом. 5. Павел берёт уроки английского языка. 6. Он изучает английский язык в школе. 7. Учитель задаёт ему вопросы в классе. 8. Он отвечает учителю на эти вопросы. 9. Он пишет слова и предложения под диктовку. 10. У Павла в руке книга. 11. Сейчас он читает диалог в этой книге. 12. Его урок продолжается два часа.

Упражнение 70

А. 1. ученице 2. дочке 3. врачу 4. профессору 5. секретарю

Упражнение 70 (продолжение)	Б. 1. вам 2. нам 3. ему 4. ей 5. им В. 1. детям 2. коллегам 3. родителям 4. гостям 5. туристам
Упражнение 71	1. интересна 2. богат 3. красива 4. женат 5. свободна 6. дорог 7. красивы 8. бедны
Упражнение 72	1. Директора фирмы зовут Михаил Петрович Комаров. 2. Он выходит из дома в восемь часов утра. 3. Он приходит на работу в половине девятого. 4. Нет, в половине девятого в фирме никого нет. 5. Директор приходит на работу первым. 6. Секретарь приходит на работу после директора. 7. Она говорит: "Доброе утро!" 8. Директор показывает ей письма. 9. Она берёт диктофон со своего стола. 10. Она входит в кабинет директора. 11. Директор диктует ответы на письма. 12. Потом она садится за компьютер.
Упражнение 73	1. У нас обед в три часа. 2. Она выходит из дома в четверть девятого. 3. Наш урок начинается в шесть часов. 4. Я прихожу на работу без четверти девять. 5. Он входит в школу без десяти шесть. 6. Я еду домой в половине девятого. 7. Он читает письма в двадцать минут десятого. 8. Он начинается в восемь часов.
Упражнение 74	1. в ресторан; к другу 2. в Москву; к морю 3. в кафе; к боссу 4. в школу; к школе 5. на работу; к клиенту 6. домой; к дому 7. в класс; к ученикам 8. в клуб; к нам
Упражнение 75	1. высокому зданию 2. молодому человеку 3. нашей школе 4. маленьким детям 5. большой карте 6. копировальной машине 7. своим ученикам 8. французскому журналисту
Упражнение 76	1. а. ...из дома в восемь часов утра. б. Я закрываю за собой дверь. в. Я иду к автобусу. г. Я еду на автобусе на работу. д. Я прихожу в школу в половине девятого е. Я подхожу к двери школы ж. Я открываю дверь и вхожу в школу. 2. а. ...выходите из дома в восемь часов утра. б. Вы закрываете за собой дверь. в. Вы идёте к автобусу.

Упражнение 76 (продолжение)

г. Вы едете на автобусе на работу. д. Вы приходите в школу в половине девятого. е. Вы подходите к двери школы. ж. Вы открываете дверь и входите в школу.

3. а. ...выходят из дома в восемь часов утра. б. Они закрывают за собой дверь. в. Они идут к автобусу. г. Они едут на автобусе на работу. д. Они приходят в школу в половине девятого. е. Они подходят к двери школы. ж. Они открывают дверь и входят в школу.

Упражнение 77

1. начинается; продолжается 2. задаёт; отвечают 3. живём; находится 4. входит; говорит 5. открывает; закрывает

Упражнение 78

1. Москва далеко от Сиднея. 2. От Москвы до Сиднея - 14419 километров. 3. Рим ближе к Москве, чем Каир. 4. Москва ближе к Берлину, чем к Парижу. 5. Берлин ближе всего к Москве. 6. Сидней дальше всего от Москвы. 7. Сидней дальше от Москвы, чем Токио. 8. Берлин, Париж и Рим ближе к Москве, чем Лондон.

Упражнение 79

1. моя бабушка 2. моя сестра 3. мой дядя 4. моя тётя 5. моя внучка 6. мои родители 7. моя мать 8. мой брат 9. мой внук 10. я/мой муж

Упражнение 80

1. Нет, “книга” - имя существительное не в родительном падеже. 2. Слово “книга” в именительном падеже единственного числа. 3. Слово “книга” в именительном падеже множественного числа будет “книги”. 4. Слово “книгах” - в предложном падеже. 5. Это слово во множественном числе. 6. Слово “книги” в дательном падеже единственного числа будет “книге”. 7. Слово “окно” в творительном падеже множественного числа будет “окнами”. 8. Слово “карандаш” - имя существительное мужского рода. 9. Предлог “перед” требует творительного падежа. 10. Предлог “о” требует предложного падежа.

Упражнение 81

1. а. большой город б. большому городу в. большого города г. большом городе 2. а. красивую площадь б. красивой площади в. красивой площади г. красивой площади 3. а. Чёрному морю б. Чёрное море в. Чёрном море г. Чёрном море 4. а. другого магазина б. другого магазина в. другой магазин

Упражнение 81 (продолжение)

г. другому магазину 5. а. интересную статью б. интересной статье в. интересной статьи г. интересной статьёй 6. а. маленьким мальчикам б. маленьких мальчиков в. маленькими мальчиками г. маленьких мальчиках 7. а. этим человеком б. этому человеку в. этого человека г. этом человеке 8. а. ваших родителей б. ваши родители в. вашим родителям г. вашими родителями 9. а. правой руке б. правой рукой в. правую руку г. правой руки

Упражнение 82

1. ...кто-то читает этот журнал. ...никто не читает этого журнала. 2. ...он видит кого-то в комнате. ...он не видит никого в комнате. 3. ... у неё есть что-то в руке. ...у неё нет ничего в руке. 4. ...кто-то выходит сейчас из ресторана. ...никто не выходит сейчас из ресторана. 5. ...она что-то понимает по-китайски. ...она ничего не понимает по-китайски. 6. ...я знаю кого-то в Москве. ...я не знаю никого в Москве.

Упражнение 83

1. а. дороже б. дороже вина в. дешевле коньяка 2. а. быстрее б. быстрее автобуса в. медленнее поезда 3. а. богаче б. богаче господина Россини в. беднее господина Бертони 4. а. шире б. шире Тверской улицы в. у́же Гоголевского бульвара 5. а. лучше б. лучше Николая в. хуже тебя 6. а. длиннее б. длиннее красного поезда в. короче синего поезда

Упражнение 84

в, в, на, на, В, На, в, Перед, перед __ в, около, по, с, о, __ о, в, на, от, на, между, От, до

Упражнение 85

1. кончаться 2. лёгкий 3. ответ 4. к 5. первый 6. уходить 7. бедный 8. мало 9. медленно 10. дальше 11. брать 12. дорогой 13. утром 14. занят 15. начало 16. левый 17. лучше 18. отсюда 19. уносить 20. больше

Упражнение 86

А. 1. Вторник 2. воскресенье 3. Среда 4. Суббота 5. пятница 6. Воскресенье 7. Четверг 8. понедельник Б. 1. Вчера, Завтра, Послезавтра 2. Сегодня, Послезавтра, Вчера, Завтра В. 1. суббота 2. суббота 3. пятница

Упражнение 87

1. В году двенадцать месяцев. 2. Нет, в неделе не двенадцать дней. 3. В неделе семь дней. 4. Нет, в сутках не тридцать часов. 5. Двадцать четыре часа

Упражнение 87 (продолжение)

составляют сутки. 6. В субботу школа открыта. 7. Я отдыхаю в воскресенье. 8. Банк открыт днём.

Упражнение 88

1. а. Я встаю в восемь часов. б. Я завтракаю дома. в. Я пью кофе. г. Я ем булочку с джемом. д. Я читаю газету. е. Я кончаю завтракать в половине девятого. ж. Я выхожу из дома. з. Я иду к автобусу. и. Я еду на работу.

2. а. Они встают в восемь часов. б. Они завтракают дома. в. Они пьют кофе. г. Они едят булочку с джемом д. Они читают газету. е. Они кончают завтракать в половине девятого ж. Они выходят из дома. з. Они идут к автобусу. и. Они едут на работу.

Упражнение 89

1. Нет, Игорь не видит много людей в комнате. 2. Он там видит одного человека. 3. Это мужчина. 4. Он сидит. 5. Этот человек сидит за маленьким столиком 6. Перед ним на столе стоит бутылка и несколько стаканов. 7. Нет, он не пьёт молоко. 8. Нет, Игорь не знает, что он пьёт. 9. На столе ещё есть деньги. 10. На столе много денег. 11. Человек считает деньги. 12. Нет, они не знают, чьи это деньги.

Упражнение 90

1. Да, я знаю эту девушку. 2. Её зовут Таня Доброва. 3. Она встаёт рано утром. 4. Она ест булочку с маслом и джемом на завтрак. 5. Во время завтрака она читает газету. 6. Сейчас девять часов утра. 7. Сегодня понедельник. 8. Рабочая неделя продолжается пять дней. 9. Таня была у своей подруги. 10. Её подруга живёт в маленьком городке под Москвой. 11. Им нравится ходить вместе в кино в воскресенье. 12. Иногда они слушают музыку в парке.

Упражнение 91

1. ...делаете копии во время перерыва. ...делаешь копии во время перерыва. ...делают копии во время перерыва. 2. ...пьют молоко на завтрак. ...пьешь молоко на завтрак. ...пьём молоко на завтрак. 3. ...смотришь телевизор вечером. ...смотрите телевизор вечером. ...смотрю телевизор вечером. 4. ...ложитесь спать рано. ...ложусь спать рано. ...ложишься спать рано. 5. ...часто едят рыбу на обед. ...часто ест рыбу на обед. ...часто едите рыбу на обед.

Упражнение 92

1. ...уходите с работы в пять часов. Вы едет домой

Упражнение 92 (продолжение)

на машине. Когда вы приходите домой, вы здороваетесь с женой. Затем вы садитесь перед телевизором. Около семи часов вы ужинаете с семьёй. Вы едите мясо или рыбу и пьёте сок или чай. После ужина вы встаёте, идёте в другую комнату и читаете там газеты. Около одиннадцати часов вечера вы ложитесь спать.

2. ...уходишь в работы в пять часов. Ты едешь домой на машине. Когда ты приходишь домой, ты здороваешься с женой. Затем ты садишься перед телевизором. Около семи часов ты ужинаешь с семьёй. Ты ешь мясо или рыбу и пьёшь сок или чай. После ужина ты встаёшь, идёшь в другую комнату и читаешь газеты. Около одиннадцати часов вечера ты ложишься спать.

Упражнение 93

1. Вы ходите в школу, чтобы изучать русский язык. 2. Ученик открывает книгу, чтобы читать диалог. 3. Ольга выходит из дома рано, чтобы не опоздать на работу. 4. Я наливаю кофе в чашку, чтобы пить его. 5. Дети часто ходят в парк, чтобы гулять там. 6. Ты приходишь на стадион, чтобы смотреть футбол. 7. Студентка берёт ручку и бумагу, чтобы писать под диктовку. 8. Я сажусь в кресло, чтобы смотреть телевизор.

Упражнение 94

1. Михаилу нравится ходить на концерты, но он предпочитает ходить в кино. 2. Нам нравится читать журналы, но мы предпочитаем читать газеты. 3. Тебе нравится покупать шоколад, но ты предпочитаешь покупать фрукты. 4. Мне нравится обедать в ресторане, но я предпочитаю обедать дома. 5. Вам нравится смотреть телевизор, но вы предпочитаете слушать радио.

Упражнение 95

1. з 2. а 3. к 4. ж 5. е 6. г 7. в 8. б 9. л 10. и

Упражнение 96

1. прочёл 2. купил(а) 3. заплатили 4. написали 5. положили 6. взял(а) 7. заказали 8. подписал

Упражнение 97

...рано утром. Они позавтракали в восемь часов утра и в четверть девятого вышли из дома. Дети пошли в школу, а Анна Ивановна поехала на работу. Анна Ивановна ушла после детей. Она взяла сумку и ключи, вышла из дома и закрыла дверь. Анна Ивановна пришла на работу вовремя. Она не опоздала. Когда Анна Ивановна вошла в офис, она

Упражнение 97 (продолжение)

сказала своим коллегам: “Доброе утро!” и начала работать.

Упражнение 98

1. а. ...в пять часов. . Мы пошли к автобусу. в. Мы поехали на автобусе в универсальный магазин. г. Мы приехали к магазину. д. Мы подошли к двери и открыли её. е. Мы вошли в магазин и увидели администратора. ж. Мы спросили её, где обувной отдел. з. Она показала нам, где он. и. Мы поблагодарили её и пошли на второй этаж. к. Мы попросили продавца показать нам коричневые туфли. л. Он принёс несколько пар. м. Нам очень понравилась одна пара, и мы купили её.

2. а. ...ушла с работы в пять часов. . Она пошла к автобусу. в. Она поехала на автобусе в универсальный магазин. г. Она приехала к магазину. д. Она подошла к двери и открыла её. е. Она вошла в магазин и увидела администратора. ж. Она спросила её, где обувной отдел. з. Она показала ей, где он. и. Она поблагодарила её и пошла на второй этаж. к. Она попросила продавца показать ей коричневые туфли. л. Он принёс несколько пар. м. Ей очень понравилась одна пара, и она купила её.

3. а. ...ушёл с работы в пять часов. . Он пошёл к автобусу. в. Он поехал на автобусе в универсальный магазин. г. Он приехал к магазину. д. Он подошёл к двери и открыл её. е. Он вошёл в магазин и увидел администратора. ж. Он спросил её, где обувной отдел. з. Она показала ему, где он. и. Он поблагодарил её и пошёл на второй этаж. к. Он попросил продавца показать ему коричневые туфли. л. Он принёс несколько пар. м. Ему очень понравилась одна пара, и он купил её.

Упражнение 99

ом, ой, ом, ой, ой, ой, ой, ми, ми, ом, ами, ом, ой, ой

Упражнение 100

1. Мы пишем рукой. 2. Мы пишем правой (левой) рукой. 3. Мы слышим ушами. 4. Мы режем мясо ножом. 5. Мы едим суп ложкой. 6. Мы кладём сахар в чай маленькой ложкой.

Упражнение 101

1. Январь - первый месяц года. 2. Декабрь - последний месяц года. 3. Февраль - самый короткий месяц в году. 4. После весны идёт лето. 5. Лето

Упражнение 101 (продолжение)

начинается в июне. 6. Между летом и зимой - осень. 7. Двадцать второго июня самый длинный день и самая короткая ночь. 8. До двадцать второго декабря дни становятся короче, а ночи длиннее. 9. Между апрелем и июнем - май. 10. Год кончается в декабре.

Упражнение 102

1. десятое февраля 2. тридцать первого декабря 3. седьмое июня 4. двадцать второго июля 5. Первое мая 6. шестого марта 7. третьего апреля 8. двадцать пятого сентября

Упражнение 103

1. Он опоздал. 2. К нему подошёл директор. 3. Он сказал: "Доброе утро!" 4. Нет, он не пришёл домой рано в воскресенье вечером. Он пришёл домой очень поздно. 6. Он был на концерте с друзьями. 7. Он проснулся в четверть девятого на следующее утро. 8. Когда он проснулся, он понял, что опоздал. 9. Нет, он не успел на автобус. 10. Нет, следующий автобус не пришёл через пять минут. 11. Он пришёл через двадцать пять минут. 12. Было почти десять часов.

Упражнение 104

1. ...мы поздоровались по-русски. 2. ...концерт кончился в половине одиннадцатого. 3. ...я возвратился с работы в шесть часов. 4. ...он открылся в десять часов. 5. ...ты проснулся/-ась рано.

Упражнение 105

1. В городе Киеве есть музей Михаила Булгакова. 2. Булгаков родился в семье профессора. 3. Он родился в тысяча восемьсот девяносто первом году. 4. По профессии он был врач. 5. Он понял, что любит театр, ещё когда был ребёнком. 6. Он начал писать в молодые годы. 7. В 1924-ом году Булгаков закончил свою первую большую книгу. 8. Нет, он не успел закончить свою последнюю книгу. 9. В его книгах мы читаем о жизни в России. 10. Михаил Булгаков умер в тысяча девятьсот сороковом году. 11. Он умер ещё молодым.

Упражнение 106

1. буду вставать 2. будет печатать 3. будут ездить 4. буду смотреть 5. будет показывать 6. будут обедать 7. будешь отдыхать 8. будем говорить

Упражнение 107

...Воскресенье - выходной день. Сергей Петрович будет отдыхать со своей семьёй. Они будут

Упражнение 107 (продолжение)

завтракать дома в девять часов утра. Затем Сергей Петрович и его жена будут читать газеты, а дети будут играть в компьютерные игры в своей комнате. Днём вся семья будет гулять в парке. Там дети будут кататься на велосипедах, а родители будут играть в теннис. В три часа они будут обедать в ресторане в парке. Вечером семья будет дома. Они будут слушать радио, смотреть телевизор, разговаривать с друзьями по телефону.

Упражнение 108

1. а 2. в 3. б 4. в 5. а 6. б 7. б 8. а 9. в

Упражнение 109

1. работать 2. днём 3. переменный 4. никогда 5. успевать 6. здороваться 7. поздно 8. отвечать 9. одинаковые 10. молодые 11. холодно 12. снимать 13. недавно 14. продавать 15. ещё не 16. засыпать 17. темно 18. умер 19. заход 20. влажный

Упражнение 110

1. юг 2. зима 3. спорт 4. работа 5. континент 6. класс 7. вечер 8. лето 9. иностранец 10. утро 11. книга 12. вино 13. север 14. школа 15. дом

Упражнение 111

1. работать 2. читать 3. продавать 4. жить 5. завтракать 6. преподавать 7. покупать 8. обедать 9. снимать 10. работать 11. писать 12. начинать 13. значить 14. отвечать 15. кончать 16. знакомить(ся) 17. рассказывать 18. отдыхать 19. ужинать 20. фотографировать

Упражнение 112

1. написать, написал 2. сказать, сказал 3. заплатить, заплатил 4. заказать, заказал 5. ответить, ответил 6. взять, взял 7. позвать, позвал 8. записать, записал 9. проснуться, проснулся 10. встретить, встретил 11. получить, получил 12. встать, встал 13. попрощаться, попрощался 14. принести, принёс 15. снять, снял 16. лечь, лёг 17. забыть, забыл 18. заснуть, заснул 19. начать(ся), начал(ся) 20. купить, купил

Упражнение 113

1. ...мы встретились утром и поздоровались. 2. ...подул ветер и пошёл дождь. 3. ...ты открыл книгу и начал читать 4. ...я пришёл домой и снял пальто. 5. ...Николай взял мобильный телефон и положил его в карман. 6. ...вы встали в семь часов и позавтракали 7. ...мой друг принёс русские книги и дал их мне. 8. ...позвал официанта и заказал обед.

Упражнение 114 1. ...написать письмо другу. 2. ...выпить чашку кофе. 3. ...позвонить жене. 4. ...успеть на поезд. 5. ...прочесть статью о новом фильме. 6. ...выйти из кабинета. 7. ...поздороваться с учителем. 8. ...встретить вас.

Упражнение 115 1. Ты ничего не написал на бумаге. 2. Мы никогда не встречаемся на улице. 3. Никто не получил письмо/письма из Москвы. 4. Ребёнок ещё не проснулся. 5. Я не буду смотреть этот фильм по телевизору. 6. Я больше не помню вашего номера телефона. 7. Вы ничего не купили для меня? 8. Виктор больше не живёт около вокзала?

Упражнение 116 1. ...буду сидеть у окна. 2. ...будут кататься на велосипедах в парке. 3. ...будешь играть в теннис после работы. 4. ...будет часто получать письма от родителей. 5. ...будем заниматься спортом каждый день. 6. ...будет холодно. 7. ...будете отвечать на вопросы по телефону. 8. ...будет дуть северный ветер.

Упражнение 117 1. из 2. после/до 3. с, в 4. с, до 5. в, перед 6. по 7. из, без 8. за, по 9. на 10. около 11. за 12. на

Упражнение 118 1. д. Спросите у неё! 2. а. Дайте ему немного! 3. ж. Покажите, пожалуйста! 4. б. Посмотрите в меню! 5. в. Попросите учителя повторить их! 6. и. Расскажите нам, пожалуйста! 7. л. Заплатите ему! 8. е. Купите новый! 9. г. Объясните ему! 10. к. Сосчитайте, пожалуйста!

Упражнение 119 1. должна ехать 2. может знать 3. должны (с)делать 4. хочешь пойти 5. можете спросить 6. хочет посмотреть

Упражнение 120 1. Вам можно 2. Тане нужно 3. Нам не хочется 4. Николаю нужно 5. Можно мне 6. ...Поповым хочется 7. ...мне нужно 8. Тебе не хочется

Упражнение 121 1. ж 2. е 3. а 4. к 5. л 6. б 7. д 8. в 9. г 10. з

Упражнение 122 1. г 2. и 3. а 4. б 5. ж 6. д 7. л 8. в 9. з 10. е

Упражнение 123 1. нельзя, можно 2. Невозможно 3. можно/нужно 4. нужно 5. Можно/нельзя 6. хочется 7. можно 8. хочется/нужно 9. нельзя 10. нужно/можно 11. нельзя 12. нужно 13. хочется/нужно 14. невозможно 15. нельзя

Упражнение 124 1. а. Директор хочет, чтобы Таня записала Смирнова на приём на пятницу. б. Директор попросил Таню записать Смирнова на приём на пятницу. 2. а. Мы хотим, чтобы официант принёс счёт. б. Мы попросили официанта принести счёт. 3. а. Дети хотят, чтобы мама помогла написать адрес. б. Дети попросили маму помочь написать адрес. 4. а. Я хочу, чтобы друзья рассказали нам о Москве. б. Я попросил друзей рассказать нам о Москве.

Упражнение 125 1. Если вы хотите получить работу в фирме, вам нужно послать туда своё резюме. 2. Если я хочу купить новые книги, мне нужно пойти в книжный магазин. 3. Если мы хотим успеть на автобус, нам нужно спешить. 4. Если ты хочешь знать, какое число, тебе нужно посмотреть на календарь. 5. Если вы хотите лететь в Москву, вам нужно заказать билет.

Упражнение 126 1. ...тем как директор подписал документы, ассистент подготовил их. 2. ...того как я написал на конверте адрес, я наклеил марку. 3. ...того как ученики ответили на вопросы учителя, они сами начали задавать вопросы. 4. ...тем как ты пошёл на почту купить марки и конверты, ты написал несколько писем. 5. ...тем как Нина приготовила очень вкусный обед, она купила мясо, рыбу и фрукты. 6. ...того как инженер принял посетителя в своём кабинете, посетитель пошёл в приёмную. 7. ...тем как вчера вечером мы посмотрели фильм и концерт по телевизору, мы послушали музыку по радио. 8. ...того как Сергей познакомился с Владимиром, он представил его своей жене. 9. ...того как вы повернули за угол, вы пошли к остановке автобуса. 10. ...тем как я купил пять простых открыток в окне №10, я простоял в очереди двадцать минут.

Упражнение 127 А. ...в пять часов. Директор школы здоровался со мной. В школе я видел других учеников. Мы разговаривали в коридоре перед уроком. Мой урок начинался в четверть шестого. На уроке учительница говорила только по-русски. Она задавала мне много вопросов. Я отвечал тоже только по-русски. В перерыве ученики выходили из классов. Они пили кофе и читали газеты. Б. ...школу

Упражнение 127 (продолжение)

в пять часов. Директор школы будет здороваться со мной. В школе я буду видеть других учеников. Мы будем разговаривать в коридоре перед уроком. Мой урок будет начинаться в четверть шестого. На уроке учительница будет говорить только по-русски. Она будет задавать мне много вопросов. Я буду отвечать тоже только по-русски. В перерыве ученики будут выходить из классов. Они будут пить кофе и читать газеты.

Упражнение 128

А. 1. ...мы завтракали на кухне, мы слушали радио. 2. ...Ольга училась в университете, она часто приходила домой поздно вечером. 3. ...я ходил на работу пешком, я покупал газету в киоске на углу. 4. ...Таня и Нина ездили на юг, они отдыхали у моря. 5. ...ты писал(а) письма бабушке, ты рассказывал(а) ей о своих друзьях.

Б. 1. ...мы стояли в очереди на почте, к нам подошли наши знакомые. 2. ...директор представлял рабочим нового инженера, он назвал его имя и фамилию. 3. ...дети играли в теннис на улице, мать открыла окно и позвала их обедать. 4. ...ты показывал(а) мне фотографии, на одной я увидел(а) себя. 5. ...я выбирал(а) подарок для друга, продавец порекомендовал мне купить галстук и рубашку.

Упражнение 129

...на Чёрное море, в город Сочи. Мы прилетели в аэропорт Адлер. Оттуда мы взяли такси до центра Сочи. Там мы жили у наших друзей Степановых. Они тоже взяли отпуск в августе, и мы ходили к морю вместе. Днём мы обычно загорали и плавали, а вечером гуляли около моря, ходили на концерты или в кино, иногда ужинали в ресторане. Наш отпуск кончился в начале сентября, и мы возвратились домой.

Упражнение 130

1. Если бы ты был продавцом, ты бы работал в магазине. 2. Если бы Петровы приехали из-за границы, они бы позвонили нам. 3. Если бы вы боялись выходить поздно вечером, вы бы попросили кого-нибудь пойти с вами. 4. Если бы поезд пришёл вовремя, мы бы встретили наших друзей. 5. Если бы Вера решила, куда поехать отдыхать, она бы заказала билет. 6. Если бы я пошёл в поликлинику, врач бы прописал мне лекарство. 7. Если бы ты не чувствовал себя усталым, ты бы не хотел лечь спать рано. 8. Если бы мои коллеги не

Упражнение 130 (продолжение)

знали моего мнения, они бы не могли принять решение без меня.

Упражнение 131

1. в 2. а 3. а 4. в

Упражнение 132

1. чувствуете 2. смутился 3. беспокоиться 4. боишься 5. недоволен 6. рассердились 7. счастливая

Упражнение 133

врачу, поликлинику, приём; ждал, врача, беспокоит, болит, температура, простуда, прописал; аптеке, принимать, поправился, здоров, болит

Упражнение 134

1. а. ...на работу в половине девятого. б. Он поздоровается с другими продавцами. в. Магазин откроется в девять часов. г. Покупатели войдут в магазин. д. Продавец покажет покупателям костюмы. е. Он ответит на вопросы покупателей. ж. Он поможет покупателям выбрать костюм. з. Он скажет, сколько стоит костюм. и. Он возьмёт у покупателя деньги. к. Он даст покупателю покупку. л. Он поблагодарит покупателя.

2. ...на работу в половине девятого. б. Я поздороваюсь с другими продавцами. в. Магазин откроется в девять часов. г. Покупатели войдут в магазин. д. Я покажу покупателям костюмы. е. Я отвечу на вопросы покупателей. ж. Я помогу покупателям выбрать костюм. з. Я скажу, сколько стоит костюм. и. Я возьму у покупателя деньги. к. Я дам покупателю покупку. л. Я поблагодарю покупателя.

Упражнение 135

1. в 2. а 3. б 4. а 5. б 6. в 7. а

Упражнение 136

1. ✓ ___ 2. ___ ✓ 3. ___ ✓ 4. ✓ ___
5. ✓ ___ 6. ___ ✓ 7. ✓ ___ 8. ___ ✓

Упражнение 137

...на работу в девять часов. Он вызовет к себе заместителя и спросит его, всё ли готово к совещанию. Он назначит совещание на два часа дня. Инженеры всех отделов придут в кабинет директора. Совещание начнётся ровно в два. Директор расскажет о новом проекте. Инженеры зададут ему вопросы. Новый проект всем понравится. Они решат начать работу над этим проектом в следующем месяце. Директор предложит инженерам подготовить все документы.

Упражнение 137 (продолжение)

Они пообещают сделать это быстро. Совещание закончится в четыре часа.

Упражнение 138

1. Таня сказала, что она завтра зарегистрирует все документы. 2. Покупатели сказали, что им нравятся новые продавцы. 3. Директор сказал, что он проведёт совещание в понедельник. 4. Учителя сказали, что они рады, что их ученики делают мало ошибок. 5. Ты сказал, что у тебя не будет свободного времени всю неделю. 6. Продавец сказал, что он покажет костюм современного модного покроя. 7. Вы сказали, что не сможете закончить работу на этой неделе. 8. Врач сказал, что его больным очень помогает новое лекарство. 9. Мои коллеги сказали, что они хотят познакомиться с моей женой. 10. Ты сказал, что тебе нужно решить, куда ты поедешь отдыхать. 11. Дети сказали, что они будут играть в своей комнате. 12. Вы сказали, что ваши друзья придут к вам в гости в субботу.

Упражнение 139

1. Дети спросили, как им позвонить в клуб. 2. Николай спросил Ольгу, хочет ли она попробовать белое вино. 3. Коллега спросил(а), какой вопрос будет на совещании. 4. Я спросил(а), идёт ли мне это длинное пальто. 5. Нина спросила Сергея, почему его телефон всегда занят. 6. Мы спросили официанта, какую рыбу он рекомендует. 7. Врач спросил, была ли у ребёнка высокая температура. 8. Родители спросили детей, когда они завтра придут из школы. 9. Я спросил(а) Тамару, когда она получила письмо из Владивостока. 10. Вы спросили, кто пойдёт с вами на совещание.

Упражнение 140

1. Давайте поздравим... 2. Не подходите... 3. Набери... 4. Давайте не будем переносить... 5. Не задавай...

Упражнение 141

1. в 2. а 3. б 4. в 5. а 6. в 7. б 8. а 9. в 10. б

Упражнение 142

1. стоящую 2. катающихся 3. находящемся 4. руководящего 5. лежащий 6. спешащих 7. отвечающую 8. поздравляющих 9. записывающей 10. открывающийся 11. говорящих 12. строящие

Упражнение 143 1. приехавшие 2. звонившим 3. жившим 4. потерявшей 5. написавшем 6. болевший 7. выросших 8. возвратившаяся 9. приходившего 10. открывшей

Упражнение 144 1. Катя едет на работу на автобусе, идущем в центр. 2. Все хотели послушать журналиста, приехавшего из-за границы. 3. Правда ли, что люди, занимающиеся спортом, живут долго? 4. Магазины, продававшие раньше только детские велосипеды, теперь продают и спортивные. 5. Я хочу написать всем поздравившим меня с днём рождения. 6. Как называется площадь, находящаяся в центре Москвы? 7. Позвони врачу, прописавшему тебе это лекарство. 8. Вы знаете электронный адрес фирмы, выпускающей цветные календари? 9. Каждое утро мы видим людей, спешащих на работу. 10. Продавец поблагодарил покупателя, купившего пальто.

Упражнение 145 1. напечатанная 2 построенного 3. выпущенными 4. сделанные учеником 5. перенесённое директором 6. написанный Чеховым 7. импортированный 8. заработанные

Упражнение 146 1. написан 2. куплено 3. получен 4. построено 5. написан 6. напечатаны 7. выпущен 8. добыто 9. импортировано 10. сделан 11. подписано 12. изучены 13. назначено 14. продано 15. отменён

Упражнение 147 1. гигантские 2. нефтяная 3. угольные 4. тракторных 5. пятилетнему 6. велосипедным 7. сельскохозяйственная (и) промышленная 8. недельный

Упражнение 148 1. а 2. в 3. б 4. в

Упражнение 149 А. 1. выпускать 2. добывать 3. экспортировать 4. строить 5. делать 6. развивать 7. руководить 8 продавать 9. производить 10. жить
Б. 1. план 2. звонок 3. покупка 4. рост 5. разговор 6. встреча 7. торговля 8. примерка 9. переделка 10. приём

Упражнение 150 1. л 2. е 3. а 4. б 5. в 6. г 7. д 8. з 9. ж 10. и

Упражнение 151 1. з 2. г 3. ж 4. а 5. к 6. б 7. л 8. е 9. д 10. и

Упражнение 152 1. работали 2. купил 3. начал 4. жила 5. приходили; стоял 6. ждали 7. встречались 8. пригласил(а) 9. разговаривали 10. взял

Упражнение 153 1. б 2. в 3. а 4. б

Упражнение 154 1. импорт 2. получать 3. отменять 4. после того как 5. опоздать 6. больной 7. начинать 8. поправиться 9. ненадолго 10. за границу 11. руководить 12. просить 13. светлый 14. уже 15. точно 16. вниз 17. принимать 18. тёплая одежда 19. выключать 20. сырьё 21. находить 22. нельзя

Упражнение 155 1. угольный 2. нефтяной 3. промышленный 4. гигантский 5. счастливый 6. здоровый 7. проектный 8. детский 9. строительный 10. индустриальный 11. длинный 12. велосипедный 13. обувной 14. автомобильный 15. богатый 16. годовой 17. месячный 18. недельный 19. пятилетний 20. прибыльный 21. сельскохозяйственный 22. тракторный

Упражнение 156 1. Не зная этого района, мы не можем найти хорошее кафе. 2. Строя промышленность, страна становится богаче. 3. Отдыхая вечером, я буду слушать музыку. 4. Хорошо зарабатывая, Николай решил купить новую мебель. 5. Изучая русский язык, ты скоро сможешь говорить по-русски. 6. Смотря телевизор, дети пили молоко. 7. Разговаривая по телефону, вы пригласили друга в гости. 8. Читая российские газеты, я узнаю много нового о России. 9. Вставая всегда рано, мы никогда не спешим утром. 10. Встречаясь в школе, ученики говорят только по-русски.

Упражнение 157 1. Заплатив в кассу, покупатель взял покупку. 2. Не спросив адреса, ты не смог найти музей. 3. Попрощавшись с директором, инженеры вышли из кабинета. 4. Заказав обед, Николай начал читать газету. 5. Увидев свою знакомую, Ольга подошла к ней. 6. Не посмотрев, который час, я опоздал на автобус. 7. Построив свою индустрию, страна стала

Упражнение 157 (продолжение)

индустриальной. 8. Подписав план работы, директор повесил его на стену. 9. Не записав номер телефона, вы не смогли позвонить. 10. Встретив друзей в аэропорту, мы поехали с ними в гостиницу.

Упражнение 158

1. Не успев на поезд, вы опоздали на работу. 2. Купив новую машину, мы поехали в отпуск. 3. Торгуя друг с другом, страны развивают свою экономику. 4. Проработав в учреждени много лет, директор знает всех служащих. 5. Начав заниматься спортом, я почувствовал себя лучше. 6. Купив билеты, дети вошли в кинотеатр. 7. Гуляя по парку, Нина любит смотреть на деревья и цветы. 8. Строя новые автозаводы, Россия планирует выпускать больше автомобилей. 9. Обсудив план работы, инженеры попросили секретаря напечатать его.